QUELQUES SEMAINES

DE PARIS.

T. 3.ᵉ

Le Conseil de Guerre &ᵉ.... Condamne, à la
peine de mort le Ci-devant Comte de Valbrun.

QUELQUES SEMAINES

DE PARIS.

TOME TROISIÈME.

Pour corriger les mœurs, il faut les dévoiler.

A PARIS,

Chez MARADAN, Libraire, rue Pavée-
Saint-André-des-Arcs, n°. 16.

AN IX.

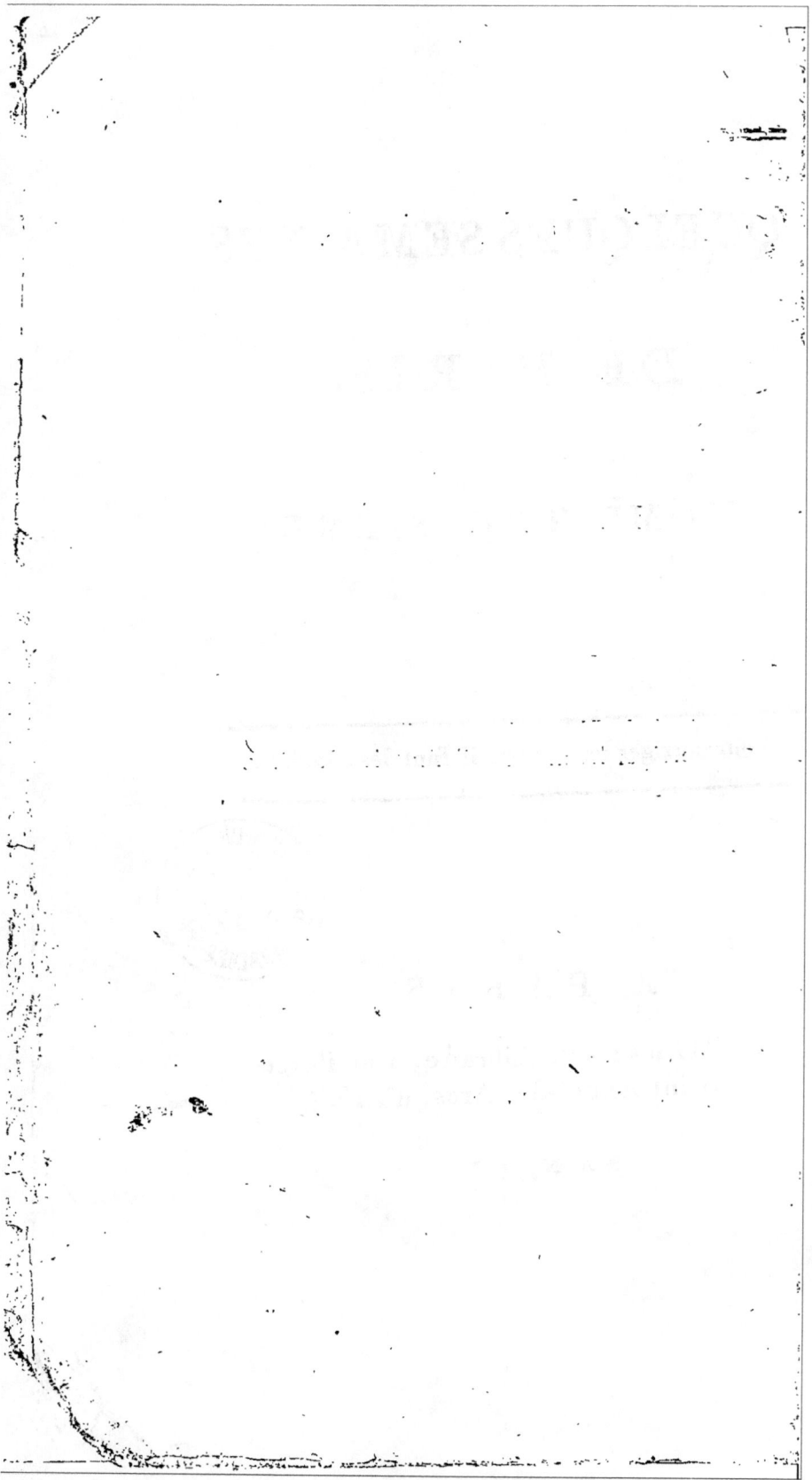

QUELQUES SEMAINES

DE PARIS.

CHAPITRE PREMIER.

Le thé.

HONNEUR à l'empire de la mode ; honneur aux petites-maîtresses qui en tiennent les rênes , aux petits-maîtres qui en sont les arcs-boutans , aux artistes en tous genres qui en sont les premiers ministres ! Honneur au caprice qui en rédige les loix fondamentales , aux journaux instructifs qui les propagent ! Honneur même aux provinciales maladroites qui les

III.   A

estropient, car il faut par-tout des ombres au tableau.

Honneur à cette inconstante déesse qui a daigné choisir son temple parmi nous, et dont la puissance magique asservit en riant sous son sceptre de roses, le guerrier et le magistrat, le poète et le folliculaire, le freluquet et le législateur, et préside en gambadant à la politique comme à la danse, au théâtre comme sur les tréteaux, à la musique comme à la grammaire! Honneur!...!...!

Je me rappelle qu'ayant eu dernièrement occasion d'aller rendre mes devoirs à une de nos divinités du jour (c'est assez dire qu'elle ne l'était pas la veille, et qu'elle ne l'était plus le lendemain), je me crus transporté en esprit dans la région du chaos, et voir un échantillon du garde-meuble

et de la garderobe des siècles passés,
présent et futurs. — L'hôtel était à
Paris, l'escalier était de marbre d'I-
talie ; l'anti-chambre, française ; le lit,
égyptien ; les fauteuils , grecs ; la
cheminée , prussienne ; les candela-
bres, étrusques ; les vases, du Japon ;
les tentures , romaines ; les statues,
imitées de l'antique ; et la fortune
du maître , très-moderne ; en un mot ,
tout l'ameublement de la maison était
un anachronisme complet.

C'est ainsi que , grace à la mode ,
tous les jours nos plus jolies femmes ,
après avoir fait un déjeûné flamand ,
un dîner français , et pris des *sor-*
betti italiens , vont finir leur journée
par un thé à l'anglaise. C'est ainsi
que , rassemblant , en dépit des cla-
meurs des vieux , des tartuffes et des
sots , dans le cercle étroit de vingt-
quatre heures , la manière de vivre

de quatre ou cinq peuples différens,
elles déjeûnent à Bruxelles, dînent
à Paris, collationnent à Milan, et
soupent à Londres, pour quelquefois, si l'on en croit la calomnie, aller
coucher à Lesbos.....

Avez-vous bientôt fini vos éter-
nelles digressions, me demande avec
humeur un millionnaire, qui croit
que l'on écrit une histoire aussi lestement qu'il fabrique une traite ou
endosse un effet?

Nous y voilà, monsieur.....Mais,
ô ciel!.....Votre épouse, dans un
accès épouvantable de colère, vient
de jeter le livre au feu!.,.....Par
quelle étrange fatalité?.....Ah! ce
dernier mot de l'avant-dernier para-
graphe.......,... Mille pardons, madame; si nous avions su! — Mais
quand on parle de mode,.....D'ail-

leurs , prenez-vous-en à monsieur Derville , car c'est lui qui vient de débiter toute cette tirade à son ami Valbrun.

La belle excuse ! Et à propos de quoi ?

A propos de quoi ?....... Ma foi nous croyons que c'est à cause de l'usage que l'on a adopté d'appeler du nom bizarre de *thé* toutes les assemblées brillantes et nombreuses, où l'on boit et où l'on mange , et qui ne sont ni dîners ni soupers.

Valbrun l'avait questionné, et il lui répondait.

C'était au moment de monter en voiture pour se rendre chez madame Dufeuil , qui , si l'on s'en rappelle , donnait ce jour-là un *thé*.

La réunion était superbe. La beauté

3

des appartemens éclairés avec autant d'intelligence que de profusion,
le grand nombre de jolies femmes,
l'éclat de leurs diamans, la diversité
des parures, l'élégance des jeunes
gens, tout, ce soir, contribuait à
faire de l'hôtel de madame Dufeuil,
un séjour vraiment enchanteur.

Le chevalier de Sellin était arrivé
le premier.......Madame Dufeuil
était seule, et le reçut assez bien.—
Elle avait ses projets.

Je ne vous vois plus, monsieur le
chevalier.....

Madame est trop bonne de s'appercevoir de mon absence.

Vous devenez si rare, que probablement vous ne m'auriez pas fait le
plaisir de venir aujourd'hui, si.....

Si ? — Achevez.

(*En souriant.*) Si madame de Lymours ne m'avait promis devant vous,
d'embellir de sa présence le thé auquel je vous ai invité.

(*D'un air flatté.*) Quelle mauvaise
plaisanterie, belle dame. En vérité,
vous me donneriez presque de l'a-
mour-propre.

Au fait, j'en ai peur..... Il faut
me taire. — Vous en avez une petite
portion.....

Quoi! vous aviez quelque chose à
m'apprendre?

A vous apprendre! (*Avec une
finesse affectée.*) Je vous crois assez
pénétrant pour avoir déjà deviné ce
que je ne voulais que vous confirmer.

Serait-il possible! ..... Quoi! malgré..... Derville serait oublié! ....

(*Avec inquiétude.*) Mais monsieur
Derville, je pense.....

4

N'est plus aimé de vous ! Je suis au comble du bonheur ..... (*Se jetant à ses genoux.*) J'oublie madame de Lymours pour ne songer qu'à l'adorable.....

Il n'eut pas le **temps** d'en dire davantage ; les éclats de rire immodérés de madame Dufeuil lui coupèrent la parole. — Il était clair qu'il y avait eu un *qui-pro-quo*. — Le chevalier avait cru que madame Dufeuil, lasse du volage Derville, se trouvait trop heureuse de revenir à lui....... Il avait agi en conséquence ; et le sérieux de la bonne ame, qui voulait au contraire l'opposer à l'ami de Valbrun auprès de madame de Lymours, n'avait pu tenir contre le plaisant de cette méprise.

Sellin était déconcerté : — On l'avait charitablement relevé .....

Réellement , lui dit-on , je me plaindrai à la jolie veuve des infidélités que vous êtes toujours prêt à lui faire . . . . .

Madame s'amuse. . . . .

Non, de bonne foi , je voulais vous rendre un service , car je n'oublie pas mes amis. . . . .

Eh bien ?

Malgré la comédie que vous venez de jouer à mes pieds , je sais fort bien que vous êtes fou de la fille de monsieur de Telnange.

Quoi ! c'était d'elle ?

Pauvre innocent ! comme le voilà confus. (*Elle se remet à rire.*) En vérité , chevalier , pour un homme à la mode , vous n'avez guère de tenue. — Vous déconcerter ainsi à la première plaisanterie !...

(*Piqué.*) Vous avez fait d'éton-
nans progrès en persifflage. — Avec
un maître comme le vôtre.....

Voulez-vous que je recommence,
et que je ne vous dise rien ?

Je me tais.....

Vous êtes fou de madame de Lymours. Vous savez très-bien cela,
n'est-ce pas ? — Mais ce que vous ne
savez pas, c'est qu'elle est à - peu-
près folle de vous.

(*Avec empressement.*) Serait - il
possible !

(*Le contrefaisant.*) Hé ! mon dieu,
oui, très-possible. — Mais un reste
de préjugés , son père qui la gêne, la
timidité de son âge.....

Comment ! elle vous aurait dit....

Elle n'a voulu convenir de rien ;
mais je m'y connais...Je l'ai devinée...

Que voulez-vous dire ?

J'espère que ma générosité est rare !

Charmante ! oh ! comme je vais mettre à profit vos avis.

Et il vint du monde.

Madame de Lymours était arrivée avant Derville, qui la trouva causant avec Sellin. Celui - ci avait un air triomphant, qui ne s'accordait nullement avec le maintien gêné, ennuyé même, de la veuve.

Madame Dufeuil, tout en faisant ses honneurs, trouvait encore le moyen d'observer Derville, et s'applaudissait de sa petite méchanceté, qui, en attachant pour toute cette soirée le chevalier auprès de sa rivale, devait en éloigner son amant. — Elle jouissait en idée de la folle présomption de Sellin, qui avait donné tête baissée dans le panneau,

6

de l'embarras de sa prétendue conquête, et de tout le comique des
éclaircissemens qui devaient suivre
et terminer cet imbroglio.

Derville ne paraissait pas fort à son
aise. C'était en vain qu'il cherchait à
déguiser, sous le voile d'une fausse
gaîté, l'inquiétude secrète qui l'agitait malgré lui. La maîtresse de la
maison prenait un malin plaisir à le
retenir près d'elle, sous différens pré-
textes. On avait commencé à jouer,
et il n'avait pu adresser la parole à la
jolie veuve, dont les regards presque
supplians semblaient l'appeler pour
l'aider à se débarrasser de l'importun
qui l'obsédait. — Enfin, il saisit un
moment. — Madame de Lymours est
à l'autre bout du salon : il est déjà
à moitié chemin quand on le rappelle :

Ah ! monsieur Derville ! vous faites

si bien le punch ! J'espère que vous allez vous signaler. . . .

Monsieur Derville, qui *faisait si bien le punch*, tâcha d'abord de s'excuser. Mais, bientôt revenu à son caractère habituel, il s'indigna de l'idée qu'on voulût le retenir malgré lui ; lui, qui, au contraire, maîtrisait si souvent les autres.

Aussi se défendit-il de la commission que l'on venait de lui donner, d'un air assez prononcé pour ôter l'envie de persister. - Monsieur Félix a habité Londres, dit-il ; il s'en acquittera beaucoup mieux que moi.

Ainsi, le pauvre Valbrun, qui, pour la première fois depuis quatre ans, allait parler à Emma, fut obligé de retarder encore l'explication, également desirée par tous deux.

Demandez - le à tout le monde :

c'est une chose superbe, qu'un thé. Là, vous voyez des femmes *charmantes*, des jeunes gens *délicieux*, étaler à l'œil ravi, les graces de l'ajustement du jour; à l'esprit étonné, toutes les ressources de cette science si profonde, de jaser beaucoup sans rien dire; ces riens brillans, conceptions dignes des cerveaux superficiels qui les enfantent, et des oreilles blasées qui les écoutent.

C'est-là, qu'au milieu d'une magnifique table de marbre blanc, on voit s'élever avec majesté la bouilloire élégante, flanquée d'un sucrier et d'un petit pot au lait de forme antique. Non loin du guéridon chargé de porcelaine de la Chine et de Sèvres, repose un buffet garni de viandes froides, préparées à grands frais, d'entremets exquis, de fruits rares et de vins précieux. — Auprès du buffet, qu'annonce cette vapeur odorante ? — C'est l'énorme *bowl* rempli de rhum, de citron et de sucre, dont une main experte, vient de combiner savamment l'assemblage, pour en faire un punch parfait. . . .

Ainsi tous les genres de plaisir concourent à embellir un *thé*. Ainsi, tous les sens satisfaits concourent à le rendre délicieux.

Maintenant, demandez-le à chacun en particulier. — C'est souvent une chose bien maussade, que ces sortes de réunion, lorsque vous n'y êtes point attiré par un intérêt un peu vif. — Elles ont alors tous les désagrémens des endroits publics, sans en avoir les avantages. Le cercle est moins nombreux, le champ de la médisance plus resserré, les moyens d'observation plus étendus, les remarques plus sûres et plus caustiques.

— On n'y jouit , ni de la liberté des
spectacles , ni de la tenue des con-
certs , ni du mouvement des bals , ni
de la gaîté des petits soupers , de ces
repas enchanteurs , dont les amis du
plaisir regretteront long - temps la
mode. — Chacun voudrait faire croire
qu'il s'amuse , et cherche à déguiser ,
sous des ris plus ou moins forcés , les
bâillemens prolongés qui lui échap-
pent. — On se bat les flancs pour se
faire rire , et communiquer à ses voi-
sins une gaîté qu'on n'a pas. — Il naît ,
de l'opposition résultante de l'ennui
que l'on cache et du plaisir que l'on
voudrait montrer , une grimace am-
phibie , qui donne une expression
singulière aux physionomies. . . .

Cette grimace , beaucoup de figures la faisaient déjà chez madame
Dufeuil. Quatre bouillottes fort
chaudes ne suffisaient pas pour oc-

cuper tous les assistans. — On avait
bien bu et mieux mangé : que restait-
il encore à faire ? — La conversation
divisée n'offrait qu'un assez faible intérêt ; et déjà plusieurs personnes s'é-
taient retirées.

Emma n'était pas du nombre des
ennuyés. Valbrun, profitant de l'espèce de confusion inséparable d'une
assemblée nombreuse et distribuée
dans plusieurs pièces , avait trouvé le
moyen de lui donner cette explication indispensable , après laquelle
son cœur soupirait depuis si long-
temps. Elle avait enfin la clef de cette
énigme , qui lui avait causé tant de
peine. — Valbrun était toujours fidèle : il venait de lui confirmer , avec
les développemens nécessaires ; ce
que Derville n'avait pu que lui indi-
quer chez madame de Lymours.—En
fallait-il davantage pour la rassurer ?

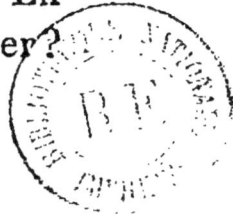

Sellin, chassé d'auprès de l'aimable veuve par l'étonnante loquacité de Derville, qui avait jugé que le plus sûr moyen de s'en débarrasser était de ne rien lui laisser à dire, le sémillant Sellin s'était réfugié près de madame de Forban, qui l'accueillait toujours très-bien, quoiqu'on eût pu s'appercevoir qu'elle n'était jamais que son pis-aller.

Monsieur de Telnange, placé dans un coin avec l'homme noir, ne perdait pas sa fille de vue. Etonné de l'extrême magnificence qui régnait dans toute la maison, il fit à son ami cette question si commune depuis dix ans :

Qu'était donc monsieur Dufeuil avant la révolution ?

Intendant d'un grand seigneur, et jouissant, malgré cette qualité un peu suspecte, d'une réputation d'honnêteté.

Mais comment, de cet état obscur,
a-t-il pu s'élever.....

Revenez - vous de l'autre monde ?
— Et les fournitures ?...

Ce n'est donc point un honnête
homme ?

Pardonnez - moi ; probe autant
qu'on peut l'être dans une telle carrière. — Voici le fait : Ses maîtres ,
obligés de fuir pour mettre leurs jours
en sûreté , l'avaient laissé à la tête de
leurs biens. Il les géra fidèlement jusqu'à l'époque où de nouvelles loix les
confisquèrent. — Il lui restait alors
une demi-année de revenus entre les
mains.... Le comte de Larray , à qui
il avait demandé la permission de faire
valoir ces fonds , y consentit. — Il se
lança dans les fournitures. Dans très-
peu de temps , ses capitaux furent
quintuplés. — Alors il remboursa le
comte ; et , ce qui est bien rare dans

un fournisseur, joignant la reconnaissance à la probité, il ne cessa de lui
faire passer de l'argent, jusqu'à sa
mort, arrivée il y a trois ans. Vers la
même époque, il épousa la fille d'un
marchand assez riche. — Sa dot, réu-
nie à ses propres fonds, son bonheur,
son adresse, l'esprit d'intrigue de sa
femme, l'ont si bien servi, qu'il a
amassé des millions. Il n'oublia point
ses anciens bienfaiteurs. Leur fille,
que vous voyez....

Quoi ! cette intéressante orpheline.....

Elle-même. Leur fille, dis-je, allait
bientôt perdre, par la mort de la
meilleure des mères, le seul appui
qui lui restât : Dufeuil, de concert
avec sa femme, que guidait peut-
être un sentiment intérieur d'osten-
tation, proposa à madame de Larray, fort dangereusement malade à

Pragues, de faire les démarches nécessaires pour rendre à sa fille une
partie de son héritage. — Pleine de
reconnaissance pour les procédés de
son ancien intendant, elle n'hésita
point à lui confier cet unique rejeton
d'une famille illustre et malheureuse.
Elle le nomma son tuteur; et ce fut
le dernier acte de sa vie. Il s'empressa
de remplir le premier devoir que lui
imposait sa nouvelle qualité, en al-
lant lui-même chercher la jeune Emma, alors âgée de quinze ans, pour
l'arracher à sa douleur. — Elle a per-
fectionné, depuis son retour ici, une
éducation commencée de la manière
la plus heureuse. Dufeuil n'a réussi
qu'à la faire rentrer dans une partie
de la fortune modique de la comtesse,
et lui a offert chez lui, près de sa
femme, l'asyle indispensable à une
jeune orphelin. Elle l'a accepté; et
quoiqu'ell ait souvent à souffrir de

l'humeur légère et fantasque de sa tutrice, elle s'y trouve assez tranquille pour attendre patiemment l'époque de son mariage....

Son mariage ! a - t - on déjà quelqu'un en vue ?

Non pas que je sache. Il est cependant à desirer pour elle que ce moment ne soit plus fort éloigné ; car la société qu'on lui fait fréquenter ne convient guère à une femme vertueuse ; et il faut toute la bonté de son excellent naturel, toute la pureté de son cœur, toute la justesse de son jugement , pour avoir résisté avec autant de bonheur qu'elle l'a fait jusqu'à présent , à la contagion d'un exemple dangereux.

Eh ! mon ami ! ce serait votre affaire.....

Y pensez-vous ?

Vous devriez l'épouser. . . .

Bah ! quelle folie ! à quarante-cinq ans !

Elle n'a probablement pas d'inclination ; si elle est telle que vous le dites et qu'elle le paraît, vous lui rendez un véritable service ; vous lui donnez une existence ; vous - même doublez la vôtre ; et vous vous acquérez des droits éternels à sa reconnaissance, en la tirant d'une maison, dont le séjour peut, à la longue, devenir préjudiciable à une jeune personne sans expérience.

L'homme noir rêvait. — Il ne répondit rien.

Quoi ! et lui aussi ferait des folies ?

Ma foi, nous n'en savons rien. . . . Tout ce dont nous sommes assurés, c'est que le dialogue que nous venons

de rapporter , ne serait pas tombé
de lui-même par le silence subit d'un
des deux interlocuteurs , qu'il n'en
aurait pas moins été interrompu. —
Madame de Lymours n'avait point
entendu Emma toucher du piano :
elle témoigna à madame Dufeuil le
desir de s'en dédommager; et la société , rassemblée chez cette dernière , dut à cet incident un des momens les plus agréables de la soirée.
Elle joua une sonate de Steibelt ; et
Valbrun , très-fort sur le violon, s'offrit à l'accompagner. Le fini de leur
exécution à tous deux , la délicatesse
de leur goût , l'intelligence de leur
ensemble , furent vivement et sincèrement applaudis.—On eût dit qu'ils
n'avaient qu'une ame ; et Sellin , qui
n'avait point oublié le trouble de la
jeune personne , en voyant passer
monsieur Félix sous les fenêtres de
l'hôtel , et en le rencontrant chez

Tortoni, ne manqua pas une si belle occasion de faire des plaisanteries, qu'on n'écouta point.

Enfin, deux heures sonnèrent. — Il était temps de se séparer. On se quitta en se jurant réciproquement que le *thé* avait été *divin ;* et chacun, après avoir ainsi menti à sa conscience, se retira avec le vide que laissent toujours après eux ces sortes de plaisirs.

III.   B

CHAPITRE II.

Une bonne fortune de monsieur Durfort.

QUELQUES jours après ce thé, madame Dufeuil se souvint de ce qu'elle avait une fois entendu chez Poitevin. Elle avait ri de trop bon cœur de cette espiéglerie, pour n'être pas tentée d'en faire une elle-même. Elle voulait rire aux dépens de quelqu'un, et malheur au mortel qui s'offrira le premier à ses coups. — Elle se coucha dans ces louables dispositions, et des rêves gracieux, en remplissant son esprit d'idées riantes, ne firent que l'affermir encore dans ses projets.

Derville, sans être extrêmement

attentif, ne la négligeait pourtant
pas. La conquête d'un homme aussi
aimable la flattait trop, pour qu'elle
ne cherchât point à le fixer. — Madame de Lymours lui causait toujours
certaines inquiétudes.-Apparemment
persuadée que la vengeance n'est un
plaisir qu'autant qu'elle est partagée,
c'était peut - être sur monsieur Félix
qu'elle avait jeté les yeux pour aiguil-
lonner l'apathique tranquillité de possession de son ami. — Mais les souvenirs qui l'avaient occupée pendant
toute la journée, lui avaient monté
l'esprit à la gaîté, et elle se réveilla la
tête pleine de résolutions vagues.

Depuis quelques jours, Durfort, un
peu délaissé par madame de Forban,
adressait ses hommages à madame
Dufeuil, à-peu-près comme celle-ci
lançait des regards à Félix ; le tout,
pour causer de l'inquiétude, l'un à la

comtesse, l'autre au volage Derville.

Midi venait de sonner. Il était à
peinejour chez madame Dufeuil, lorsqu'on annonça monsieur Durfort.

Parmi nos lecteurs, il n'en est peut-
être pas qui n'ait éprouvé par lui-
même avec quelle promptitude certaines idées, au premier coup-d'œil
absolument étrangères l'une à l'autre,
s'unissent et deviennent inséparables.
— Le nom de monsieur Durfort, en
venant frapper sur la substance mé-
dullaire du cerveau de madame Dufeuil, s'y trouva probablement à l'u-
nisson avec les fibres alors occupées
par les idées de la nuit. Ce nom les
ébranla, et de leur vibration, il ré-
sulta un tout harmonique, dans lequel le pauvre homme, ainsi qu'on le
verra, devait seul faire le rôle de dis-
sonance.

Monsieur Durfort ! faites entrer, dit madame Dufeuil avec empressement.

Pardonnez : je vous ai peut - être réveillée ?

Non, non, j'ai peu dormi : certaines choses, certains souvenirs ont fait travailler ma tête. Puisse-t-elle n'être pas la seule.....

J'ignorais que vous eussiez passé une mauvaise nuit. — Je ne me serais pas hasardé.....

Si ma nuit a été peu agréable, au moins la journée qui doit suivre me promet quelques plaisirs, à en juger par la manière dont elle commence.

Cette phrase mielleuse fut assaisonnée d'un regard auquel beaucoup d'autres que Durfort n'auraient pas tenu : aussi eut-il peine à contenir ses transports.

L'amour-propre, a-t-on dit, avant l'amour est né.

Chez monsieur Durfort, il était fils unique, et possédait seul le droit d'influencer ses déterminations. — Il fallait qu'il en eût une furieuse dose, cet homme, pour s'imaginer ainsi qu'il allait, avec sa plate physionomie et sa tournure ignoble, séduire une femme aimable et supplanter un charmant jeune homme. — Voilà pourtant ce qu'il espéra. Nous saurons bientôt s'il avait raison.

C'était une comédie, que sa conversation avec madame Dufeuil : l'un, enchanté du bonheur qui l'attendait, tout occupé de le mériter ; l'autre, épuisant tout son art pour en ménager la gradation d'une manière qui ne pût lui faire soupçonner qu'elle se moquait de lui.

Il fut retenu à dîner. — Il triomphait. Pour combler sa gloire, madame de Forban vint passer la soirée chez madame Dufeuil. Celle-ci pourtant ne traita pas son nouvel adorateur aussi bien qu'il l'aurait desiré. Mais quelques mots à double entente, qu'elle glissait dans le dialogue, le mettaient aux anges.

A propos, ma chère, dit-elle à madame de Forban, j'ai reçu ces deux caisses que j'attendais de Londres.

Des caisses! s'écria Derville, qui entrait dans ce moment.

Oui, des caisses de modes, dont une appartient à madame de Forban ; et que je compte lui envoyer. — J'espère qu'elle en sera contente. — Tenez, ce bonnet que j'ai était dans la mienne.

Je le trouve charmant, dit madame de Forban.

Délicieux, ajouta Sellin. Madame

4

devient donc anglaise, poursuivit-il?

madame DUFEUIL.

Oui, et pour mieux m'accoutumer à leurs goûts, je veux commencer par adopter leurs modes.

DERVILLE.

La résolution est touchante : il ne vous manquera plus que de faire une suite à *Clarisse.*

madame DUFEUIL, *avec intention.*

En quoi aurai-je si grand tort ? — Une jeune femme ne peut-elle, sans ridicule, afficher quelque prétention à la raison, et en donner des preuves dans les circonstances délicates?

VALBRUN.

Il y a tant de plaisir à déraisonner ! Pourquoi vouloir, au printemps de son âge, cueillir les fruits de l'âge mûr? — L'égide de Minerve vaut-elle à vingt ans les grelots de la Folie ?

DURFORT.

Madame a raison. Rien n'est plus louable, à mon avis, qu'une résolution du genre de celle qu'elle paraît vouloir adopter. — Monsieur parlait de fruits..... pour être précoces, ils n'en sont que plus précieux.

Quoi ! Durfort faire de l'esprit ! Chacun se regarda d'un air étonné, et on en conclut, qu'après un phénomène de cette espèce, on ne devait plus être surpris de rien.

On se sépara après une bouillotte assez chaude, où Durfort fut étrillé par le constamment heureux Derville. Mais la douce perspective qu'il avait devant les yeux le fit passer

5

sur une perte, qui, dans tout autre
moment eût désolé son ame intéres-
sée; et il se promit de se venger, en
chassant sur ses plaisirs, du tort qu'il
faisait à sa bourse.

Valbrun et Emma furent un peu
plus libres.

Madame de Forban eut toutes les
attentions de Sellin.

Enfin, tout le monde fut content.

Si monsieur Durfort n'a rien de
mieux à faire, dit, à voix basse, la
maîtresse de la maison, je ne sortirai
pas demain matin avant une ou deux
heures.

Enchanté du rendez-vous, je laisse
à penser si le cher homme accepta.

Derville sortait, pour rentrer peut-
être. — Quoi qu'il en soit, elle l'engagea, encore plus bas, à venir la

voir. — Je vous attends demain à onze
heures. — Nous rirons, je vous le
promets.

Ce jour tant desiré par l'amoureux
Durfort arrive. — Rempli d'une impatience extrême, à dix heures et de-
mie il se fait annoncer. — Il était jour
chez la dame, et, à son grand regret,
elle était déjà levée. Résolu de terminer ce jour-là sa glorieuse aventure, il avait, pendant la nuit, exercé
sa mémoire à dire les plus jolies choses
du monde : du moins il les croyait
telles. Rien n'était risible comme ses
déclarations ridiculement tendres,
puisées dans quelque répertoire du
siècle dernier. — Madame Dufeuil,
néanmoins, conservait assez bien son
sang-froid, et prenait un malin plaisir à le voir s'échauffer par degrés. —
Il s'était emparé d'une de ses mains,
et elle la lui avait abandonnée sans

résistance. Il voulut obtenir davantage. Durfort se croyait déjà à *l'escarmouche* , lorsqu'un bruit assez étrange vint frapper son oreille.

Ne serions-nous pas seuls, demanda-t-il ?

Grands dieux ! c'est peut-être madame de Forban, à qui on n'aura pas fermé ma porte. — Si l'on vous trouvait ici à cette heure.... Mon dieu ! que je suis à plaindre ! (*Le bruit redouble et semble s'approcher.*) Mais, monsieur, vous ne pouvez pas rester ici.

Mais, madame, où voulez-vous que j'aille ?

Je n'en sais rien; mais je ne veux pas qu'on vous voie.

Je suis prêt à faire tout ce que vous exigerez de moi.... Votre réputation m'est trop chère....

Et pas une armoire !

Ce cabinet ?

Je n'en ai pas la clef.... Ah ! ,.... c'est que vous n'y consentirez pas....

Ordonnez.....

Une caisse est là-dedans....

Est-elle grande ?

Elle vous contiendrait facilement.... Ce ne sera pas pour bien long-temps, d'ailleurs. (*Et elle le conduit dans un dégagement.*)

Mais , réellement , c'est que.....

C'est que.... c'est que.... Je sais bien cela ; mais voulez-vous me dé-shonorer?—(*On ouvre une porte dans l'appartement.*) O ciel ! on vient, je suis perdue....

Je cède à vos desirs. ...

Et crac, voilà l'homme à bonnes fortunes encaissé.

CHAPITRE III.

Suite de la bonne fortune de monsieur.
Durfort.

Nous n'avons jamais bien su comment la chose avait pu se faire ; mais Derville était dans la chambre à coucher de madame Dufeuil, lorsqu'elle y rentra ; et il avait entendu tout son entretien avec Durfort, et il se tenait les côtés pour ne pas éclater de rire ; et la perfide faisait *chorus ;* et le pauvre Durfort, bien et dument emballé, respirait à peine par les trous pratiqués au couvercle de son cercueil. Attentif au moindre bruit, il écoutait *du fond* de sa retraite obscure ; mais il ne pouvait rien distinguer. Derville et madame Dufeuil riaient trop bas; et ils résolurent de le laisser pendant quelques heures dans une situation que chaque instant rendait plus incommode. — Celle-ci, obligée de sortir pendant quelques minutes de son appartement, y avait laissé seul l'ami de Valbrun. — Il réfléchissait sur cette bizarre aventure, quand un incident vint le tirer de sa rêverie, et lui suggérer une autre idée assez plaisante.

Madame n'est pas chez elle, demanda une femme-de-chambre, en ouvrant la porte?

Non, elle va rentrer. — Qu'est-ce?

Deux porteurs, conduits par un domestique de madame de Forban, qui viennent chercher une caisse de modes que ma maîtresse a reçue pour elle.

Cette caisse est là, dans le petit corridor : elle me l'a montrée tout-à-l'heure. Il est inutile de faire attendre ces gens. Madame Dufeuil m'a chargé de la leur désigner..... La voilà : qu'ils l'emportent.

Et les deux crocheteurs, de charger la caisse.....

C'est bien lourd, disait Derville.

Oh ! je vous en réponds.....

Vous pouvez aller sans crainte : cela n'est ni casuel, ni précieux.

Et on descendit, tant bien que mal, la pesante caisse, dans laquelle Durfort, échiné, balotté, cassé, meurtri, maudissait son mauvais sort, et Derville, en plaignant de tout son cœur la pauvre madame Dufeuil, qui allait sans doute être désolée de son absence.

Il ne savait pas où on le conduisait ainsi ; mais ayant reconnu la voix d'un laquais de madame de Forban , il se rappela les modes arrivées de Londres ; et l'issue de toute cette aventure commença à l'inquiéter. Se découvrira-t-il sur-le-champ ? Provoquera-t-il , devant tous les gens de cette maison , un esclandre , dont tout le ridicule retombera nécessairement sur lui ? Ou bien attendra-t-il que madame de Forban fasse l'ouverture de la fatale caisse ?

Il flottait indécis entre ces différens partis, et n'était point encore bien résolu , quand les porteurs arrivèrent à l'hôtel. — Une femme-de-chambre , dont Durfort connaissait très-bien la voix , les guida elle - même dans le cabinet de toilette de sa maîtresse.

Celle-ci , saisie de joie à l'aspect de cette caisse tant desirée , ne voulait pas tarder un instant à l'ouvrir. Mais une visite qui survint l'en empêcha.

Ah ! mon dieu, quelle énorme malle ! dit une voix, que le prisonnier reconnut pour celle du petit chevalier. Comment vous portez-vous, belle dame ? Je suis exact, vous le voyez : midi.... (*En tirant sa montre.*)

Je suis sensible à votre attention, repartit la dame, en minaudant. — Je craignais que vous ne m'eussiez pas entendue : cet imbécille de Durfort ne me quitte pas plus que mon ombre.

Il est cependant un peu plus épais, dit le chevalier, en riant bien haut.

Grand dieu ! quels éclats !... En vérité, chevalier, c'est bien dommage que vous ne veuillez réformer votre ton.

Encore des reproches !

Ils sont dictés par l'intérêt que je prends.....

Il y a si long-temps que nous sommes en guerre....

Avec vos qualités naturelles, cette gaîté, cet esprit de saillies, ne pourriez-vous vous dispenser d'emprunter aux jeunes gens prétendus à la mode, ces ridicules, cette affectation, surtout cette légéreté de mœurs, qui ne se fait aucun scrupule de déchirer l'honneur de toutes les femmes?...

Ah! grace pour la morale. — Tenez, moi, ma parole d'honneur, je ne sais pas ce que c'est; et quoiqu'il doive être fort doux d'apprendre quelque chose de vous, il me semble que ce n'est pas....

Finissez donc, petit libertin.

Que ce n'est pas cela que vous enseigneriez le mieux.

La chute est polie. — Vous m'aver-
tissez, monsieur, du fonds que l'on
peut faire sur l'honnêteté de vos ma-
nières.

Ah ! vous allez encore vous fâcher.
Écoutez : — Vous êtes belle. . . . (*Et
la dame se rengorgeait.*) je suis jeune;
vous ne me trouvez pas très - maussade ; je vous adore, je brûle, je lan-
guis, je.....

Je ne sais trop quelle autre action
il allait désigner; quand on lui dit,
d'un ton un peu radouci : otez donc
votre main. Un peu moins de viva-
cité.... En vérité, vos attaques sont
si brusques.....

Eh quoi ! serait-ce le Durfort qui
vous tiendrait au cœur ?

Non, sans doute, mais....

Un sot, un animal, qui se donne
les airs de vous faire des infidélités
avec des.....

Vous savez donc aussi. . . .

Qui ne sait pas que dernièrement
ncore, on l'a surpris en partie. . . . .
)'ailleurs, vous l'avez vu hier : ma-
ame Dufeuil a fixé tous ses homma-
es. — L'ingrat ! vous préférer une
emme. . . . charmante, que je quitte
our vous.

Le fat, disait en elle-même ma-
lame de Forban ! comme si ce n'était
as lui qu'on avait planté là pour Der-
ille !

Vous ne parlez pas ?

Il est vrai que Durfort s'est mal con-
luit; mais il ne méritait pas un soupir.

Et vous ne lui donnez pas un regret, j'espère.

Comme il devine cela ! Il est char-
nant.

Puisqu'il en est ainsi, qu'attendez-

vous pour me rendre le plus heureux
de tous les hommes ?

D'abord..... — C'est qu'aussi vous
êtes d'un pressant !... Et puis, j'ai des
raisons pour le ménager. — Il a l'ame
bien sournoise.... Je crains....

Que pouvez - vous craindre avec
moi? — Il n'aurait pas plutôt hasardé
la plus petite vengeance, que sa plate
échine, caressée de vingt coups de
bâton.....

Fi ! l'horreur ! — Certainement, je
ne souffrirai pas que vous vous ex-
posiez... Mais, quelle turbulence....
Ah! mon dieu, vous n'y pensez pas....
Les portes ouvertes..... Sur cette
caisse !... Vous faites un bruit !...

Bah ! l'amour seul peut nous entendre.....

Peste , réfléchissait Durfort ;

l'amour ! et moi, qui joue ici un fort joli rôle.

L'arrivée de Sellin l'avait empêché de se découvrir; il le connaissait pour un impitoyable railleur. D'ailleurs, les menaces de l'étourdi l'inquiétaient un peu. C'est que, pensait-il, il le ferait comme il le dit..... Il ne songeait donc point à faire connaître qu'il était là ? Mais ce fut bien pis, quand il entendit Derville et madame Dufeuil entrer en poussant de grands éclats de rire.

On croira que cette dernière était dans le secret : point du tout. — Derville avait trouvé piquant de jouir de sa surprise, et ne lui avait pas parlé de sa méprise volontaire au sujet des deux malles. — Il lui avait persuadé de courir un peu avec lui ce matin, et de laisser, disait-il, le pauvre Durfort se morfondre dans sa geole en-

core quelques heures. Celle - ci, y
ayant consenti, s'était sans peine
laissé amener chez madame de Forban, dont elle semblait destinée à
toujours troubler les rendez-vous. —
Elle était, selon sa coutume, entrée
dans l'appartement sans se faire annoncer. Derville avait reconnu la
voix de Sellin, et deviné le sujet de
la conversation. L'idée que Durfort
avait tout entendu, était la cause de
ses ris immodérés, que madame Dufeuil partageait sans savoir pourquoi.

A ce fracas, madame de Forban
s'était dégagée promptement des bras
de l'entreprenant chevalier, mais
point encore assez à temps pour que
certain désordre pût échapper aux
regards, aussi malins qu'exercés des
deux arrivans. — Ils ne firent sem-
blant de rien. On sait qu'entre gens
bien élevés, on se doit ces petits

égards de société, si nécessaires dans le monde, et sur-tout à Paris.

Interrogé sur la cause de son excessive gaîté, Derville ne se fit pas tirer l'oreille pour fixer les idées de la comtesse, mais en taisant toujours la dernière partie de l'aventure.

Ainsi le pauvre Durfort expie, poursuivit-il, par cette détention momentanée, la faute de son incontinence. — Nous sommes venus, madame et moi, vous prier d'assister à sa sortie. Cela sera plaisant.

Ah! le tour est excellent, s'écria madame de Forban.

Vous n'êtes pas encore au plus comique. — Mais..... — Qu'est-ce que cette grande malle? — Ah! c'est celle que madame vous a envoyée ce matin, la compagne de l'autre, où Durfort.....

III.   C

Précisément : je me disposais à l'ouvrir, lorsque monsieur le chevalier....

madame DUFEUIL, *en souriant.*

Vint vous distraire de ce projet ?...

DERVILLE.

Mais il faudrait ouvrir cette caisse.
Faites-nous donc juger si les goûts des
dames anglaises valent ceux des élé-
gantes de Paris.....

madame DE FORBAN.

Je le veux bien. Laissez-moi seulement trouver les clefs.....

En ce moment, une fumée épaisse
remplit la cour de l'hôtel, et obs-
curcit l'appartement.

Ah ! dieux ! quelle odeur ! s'écria
Derville.... Madame, quelque chose
brûle.... Le feu est à votre maison...

Sauvons - nous ; appelez vos gens...

Il avait parlé très-haut : Durfort, qui ne s'était déjà pas trouvé trop à son aise lorsqu'on avait parlé d'ouvrir la caisse, fut pour le coup dans une frayeur terrible ; et ayant calculé qu'il valait mieux être découvert et raillé, que rôti et brûlé vif dans ce maudit coffre, se mit à y faire un tapage infernal, en criant de toutes ses forces, et à se démener pour tâcher de l'enfoncer.

Les dames, déjà effrayées par le discours de Derville, jetèrent les hauts cris, et augmentèrent l'épouvante du pauvre prisonnier, qui les prenait pour des cris de détresse...

Et lui faisait chorus, étouffait dans sa caisse, d'où l'on entendait sortir une espèce de beuglement qui disait : *Sauvez la malle ! sauvez la malle !*

2

Madame Dufeuil comprit la méprise, et voyant Derville rire aux
éclats de tout ce fracas, changea de
ton et l'imita. — Madame de Forban
ne savait que penser. — Pour Sellin,
il remonta à la source du bruit, et,
enfonçant la caisse mystérieuse, découvrit aux yeux des personnages le
pauvre Durfort qui ne riait pas...

La souris à laquelle on ouvre la
porte de la souricière perfide où elle
a passé une partie de la nuit; le re-
nard qui parvient à se tirer d'un piége;
le singe qui fuit les coups de bâton,
ne courent point aussi vîte que l'ami
Durfort, dès qu'il vit jour à sortir de
son étroit cachot. Il enfila la porte de
l'appartement, et se sauva sans re-
garder derrière lui, accompagné des
éclats interminables des spectateurs,
qui étouffaient.

La seule madame de Forban ne par-

tageait pas leur gaîté.—Durfort avait
tout entendu, et elle n'était pas sans
inquiétude. — Cependant, elle eut
bientôt pris le dessus.—Sellin la railla
sur sa manière de recevoir son monde ; madame Dufeuil raconta les premières circonstances de l'aventure,
et fit passer dans l'ame de ses audi-
teurs toute la gaîté qu'un pareil sujet
pouvait inspirer. — La comtesse se
résigna, et chacun se retira de son
côté, bien résolu de ne taire aucun
des détails dont il avait été témoin.

CHAPITRE IV.

Les tableaux.

Déjà, depuis long-temps, madame Dufeuil avait formé le projet d'aller voir l'exposition des tableaux au Louvre. — Elle voulait s'y rendre en grande et joyeuse compagnie, et ce desir de sa part fut le prétexte d'un déjeûner auquel madame de Lymours, Sellin, Derville et l'homme noir furent invités, sans oublier madame de Forban.

Valbrun, en sa double qualité de connaisseur et d'homme aimable, en était aussi prié; mais depuis deux jours à la campagne, chez un de ses parens, on commençait à craindre qu'il ne vînt pas. — Derville avait même fait ses excuses, et l'on venait de se mettre à table, quand on annonça M. Félix, qui, arrivé à l'instant, n'avait pas voulu perdre une si belle occasion de voir son Emma.

Après les premiers complimens : Qu'avait donc monsieur Durfort? demanda-t-il. Je viens de le rencontrer sur le boulevard. — J'ai voulu l'approcher, il m'a évité ; j'ai voulu lui parler, il m'a fui ; je l'ai poursuivi, il s'est presque mis à courir....

De nombreux éclats de rire, partis aux premières paroles de Valbrun, furent la seule réponse qu'il obtint. Son étonnement augmentait encore la gaîté de l'assistance, qui devint si bruyante, que le repas en fut interrompu. — Cependant, madame Dufeuil, qui avait ses honneurs à faire, ne tarda point à tirer le jeune peintre de son embarras momentané, et commença à lui expliquer....

Mais je ne comprends pas bien...

Demandez-le à Madame, dit Derville, en montrant malignement madame de Forban.

A Monsieur? reprit madame Dufeuil, en désignant Sellin.

Non : à Monsieur, s'écriait celui-ci ; et il s'adressait à Derville, qui accepta la commission.

Elle était en bonnes mains. Il promit de n'omettre aucune circonstance. — La comtesse était sur les épines : Sellin jouissait. Mais les craintes de l'une et le triomphe de l'autre durèrent peu : l'adroit et méchant conteur glissa si légèrement sur certains endroits de son récit, que madame de Forban n'eut pas plus à rougir, que le chevalier à se glorifier.

Etait-ce délicatesse pour la première ? — Etait-ce méchanceté pour le second ? — Nous ne nous hasarderons point à décider cette importante question. Qu'on se rappelle seulement que madame de Lymours était là ; que Derville ne voyait pas sans quelque peine les assiduités de Sellin auprès d'elle , et l'on trouvera , dans la conduite qu'il tint à cette occasion , plus d'espiéglerie que de charité.

Il savait bien que rien n'est plus fait pour flatter la vanité de la femme la plus vertueuse , que l'hommage d'un homme à aventures. Il savait bien encore que ce secret sentiment d'amour-propre , le plus séduisant , parce qu'il est le plus naturel, le plus dangereux , parce qu'il est le plus déguisé , trouvait une certaine douceur à recevoir des soins que beaucoup

d'autres avaient agréés. Il savait tout
cela, et se refusait à donner au chevalier, en présence de madame de
Lymours, la sorte de relief qui pouvait rejaillir de sa gentillesse. En
homme expérimenté, injuste à lui-
même au point de compter pour rien
sa supériorité sur son rival, il ne voulait négliger aucun des moyens de la
consolider encore.

Jamais on ne l'avait vu plus aimable.

Sellin, de son côté, ne manquait
pas d'agrémens, d'esprit même. —
Son extrême présomption ne lui per-
mettait presque pas de douter de la
vérité des prétendues découvertes
dont la maligne madame Dufeuil lui
avait fait part le jour de son thé, et
il se livrait au plus doux espoir. —
A la vérité, la jeune veuve ne l'accueillait pas d'une manière bien dis-
tinguée, mais c'était pure timidité de

sa part. Si, lorsqu'il lui parlait, sa
contenance devenait gênée, c'est
qu'elle craignait les regards de son
père. Enfin, quand l'ennui, plus fort
que la politesse, perçait sur sa figure, il en prenait l'expression pour
les efforts d'un sentiment qui se con-
centrait, ou les combats sans cesse
renaissans de l'amour et de la pudeur.
Ainsi, en partant d'un faux principe,
le chevalier ne pouvait tirer que des
conséquences fallacieuses : ainsi,
après s'être laissé abuser sur les causes, il se méprenait de lui-même
sur les effets. Que de gens comme
lui, et de jeunes gens sur-tout ! Sellin,
cependant, avait de la pénétration,
de la finesse ; mais la prévention
dont la maîtresse de Derville avait
affublé son esprit, l'empêchait de
voir les choses autrement qu'il ne les
souhaitait.

Le déjeûner fini , on se rendit au Louvre. La foule était inconcevable. La première chose qui frappa madame Dufeuil, ce fut l'extrême quantité de portraits. Elle en témoigna sa surprise à Valbrun , qui , au comble de ses vœux , donnait le bras à Emma.

Votre remarque est très-juste , répondit celui-ci. Rien ne prouve la pauvreté de l'art comme des expositions semblables.

Vous pourriez ajouter, interrompit l'homme noir , *et la pauvreté des artistes ;* car il ne faut sans doute pas moins qu'un pareil motif pour les engager à consacrer à un travail aussi ingrat , des moyens dont des genres plus élevés eussent peut-être réclamé l'emploi.

madame DUFEUIL.

S'il est ingrat pour la gloire , il ne l'est pas pour l'argent.

V A L B R U N.

Ah ! Madame ! et le véritable mérite aussi trouve tôt ou tard sa récom-
pense. J'attribue à une toute autre
cause la décadence de ce bel art, un
des plus nobles des arts libéraux. —
La médiocrité s'empare de ce genre,
qui finit à la longue par faire de la
peinture, une simple manipulation
de copistes, et du peintre, une machine à portraits. Elle l'adopte, non
pas toujours parce qu'il est le plus
lucratif, mais bien le plus facile.
Comme le principal mérite de ces sortes d'ouvrages consiste dans la ressemblance, plus on a copié servile-
ment, plus on est applaudi, loué,
payé. — L'artiste ne travaille plus
pour lui, mais pour son modèle. Il faut
que sa verve se plie aux caprices de
celui-ci, qui souvent ne laisse pas la
moindre chose à faire à l'invention

poétique. Le découragement s'en
mêle; au lieu d'être enflammé par
l'amour de la gloire, son imagination
se rétrécit dans les calculs d'un sor-
dide intérêt. — Le feu du génie s'é-
teint où le brasier de la cupidité s'al-
lume; et il n'est pas donné à tout le
monde d'être un Van-Dyck.

Tout en causant ainsi, la société
s'était approchée d'un grand portrait
en pied, représentant une actrice fort
connue, et qui, cependant, n'était
guère *reconnue*.

Pour suppléer au défaut de ressemblance, dit Derville, on aurait dû
avoir plus d'égards à la vérité des emblêmes. — Je voudrais que l'on choi-
sît, pour peindre les gens célèbres,
un moment un peu marquant de leur
vie, et qu'à l'aide de signes caracté-
ristiques bien exprimés, on pût, sans
autre livret que l'histoire scanda-

leuse de la bonne compagnie, mettre le nom sous le portrait.

VALBRUN.

Mais, mon ami, ce ne serait plus qu'une allégorie.

DERVILLE.

Raison de plus. Dans une allégorie, il y a presque toujours matière à faire un tableau. Le talent de l'artiste aurait plus de champ pour se déployer, la curiosité du public plus d'aisance pour se satisfaire. —(*En se penchant à l'oreille de madame Dufeuil.*) Par exemple, je peindrais madame de Forban, faisant groupe avec le chevalier tout près de la caisse où Durfort respire à peine ; ou encore Sellin, dans le lit de la femme du ministre, se cachant sous les couvertures, lorsqu'on vient introduire le chef revenant de la provision ; ou bien ce même espiégle, affublé du bonnet de dentelle de certaine sorcière, recevant les confidences de certaine jolie femme..... Que dites-vous de ce dernier trait ?

Madame Dufeuil ne répondit rien, mais son silence était pénible.

Derville continue en élevant la voix, et reprenant son discours où il l'avait interrompu pour parler bas : Par exemple, dit-il, en montrant toujours le grand portrait en pied, si dans une main de cette prêtresse de Thalie, on avait mis un masque, et dans l'autre une balance où elle aurait pesé de petits Amours au poids de l'or ; que, dans le fond, ou eût vu un riche capitaliste, moderne Esope, s'en aller en faisant la grimace.....

madame D U F E U I L.

Encore quelque anecdote.

VALBRUN.

Il en a un répertoire vraiment édi-
fiant.

madame DUFEUIL.

Mais que voulez-vous dire, avec
vos emblêmes, et votre moderne
Esope ?

DERVILLE.

Eh ! mon dieu, qui pourrait ignorer. . . .

madame DUFEUIL.

Allons, encore une indiscrétion.

DERVILLE.

Indiscret ! quand tout le public
est dans la confidence, j'ai manqué
de dire, dans les bonnes graces de
cette dame ? — Un financier, autant
favorisé par la fortune que maltraité
par les graces, tourmentait depuis

long-tems Mademoiselle M*** pour
passer *une nuit chez elle.* — Un jour
(elle avait besoin d'argent) elle se
montra moins intraitable. On convient de cinquante louis pour prix
d'une nuit passée dans son lit.
— Marché fait, argent compté, reçu, empoché, l'impotent banquier
se fait transporter jusque dans l'al-
cove de la belle, et s'y couche. —
Au moment où il croit aller cueillir
des myrtes bien achetés, on prétexte
une indisposition, on s'évade (avec
les cinquante louis), et l'on va attendre dans la maison d'un *ami*, que
le galant ait passé la nuit entière. Le
galant se fâcha, mais ce fut en vain.—
On était en possession de l'or, et on
lui dit, pour le consoler, d'apprendre
par cette leçon à s'exprimer désor-
mais d'une manière moins ambigue.
Il en fut pour son argent et sa courte
honte......

Derville achevait à peine, que la curiosité des dames fut excitée par un tableau autour duquel était rassemblé un nombre prodigieux de *regardans*.

C'est elle, disait l'un.

Elle est frappante, disait un autre.

Et le mari? — Qui ne le reconnaîtrait pas, ajoutait un troisième?

Et on riait, et on chuchotait, et puis on riait encore.

Qu'est-ce donc, demanda madame Dufeuil?

Je vais voir, répondit Derville.

Il perça la foule, et revint en éclatant comme un fou.

Avancez, Mesdames, prenez votre rang bien vîte, car, de toute la journée, il ne sera pas facile d'approcher de ce portrait.

Quoi! c'est un simple portrait qui cause cette sensation?

Oui , un portrait allégorique, dans la manière de ceux dont je parlais tout à l'heure. Le peintre a singulièrement saisi des idées qui se rencontraient avec les miennes..... — Mais je l'apperçois là-bas. — Je vais lui demander l'explication , non de l'allégorie , elle est trop bien exprimée , mais du motif qui a pû la déterminer.. ...

Derville , à ces mots , quitta les dames , pour qui ses dernières paroles étaient autant d'énigmes — Elles prirent rang parmi les curieux, ainsi qu'il le leur avait conseillé. Au bout de quelques minutes , elles purent se trouver à portée de bien voir.

La surprise arracha un cri à madame Dufeuil , qui se rappela l'aventure du diamant.

C'en était effectivement l'héroïne, moins plutôt désignée que déguisée sous les attributs de *Danaë*.— Placée dans une voluptueuse attitude, elle recevait une pluie d'or.... Un coq, au regard fier, *au geste menaçant*, chantait victoire en se battant les flancs, tandis que, près de là, le mari, sous les traits d'une dindon, se pavanait et faisait la roue. — La *Danaë* était d'une ressemblance parfaite ; tout le tableau d'une vérité rare : il n'y avait pas jusqu'au dindon, dans la figure duquel le peintre avait habilement conservé l'air de tête et le caractère de physionomie du personnage qu'il était destiné à représenter.

Après avoir ri comme les autres de l'allusion, comme les autres aussi, les dames firent place aux curieux dont la quantité ne diminuait pas. — Derville les attendait pour leur expliquer cette allégorie, qui était encore en partie une énigme pour elles.

Il y a quelque temps, leur dit-il, que
le jeune homme à qui vous venez de
me voir parler, fut chargé de peindre
cette femme, que vous connaissez de
réputation. — Apparemment qu'il ne
la flatta point , car elle prétendit
n'avoir jamais ressemblé à une pareille *croûte* , et , sur une légère dis-
cussion d'intérêt, refusa net de prendre le portrait. Piqué de l'injure , bien
plus que de la perte de son temps,
l'élève d'Appèles conçut et exécuta
une vengeance d'artiste vraiment
originale. — La figure principale du
tableau qui vous a tant fait rire , est
copiée d'après la croûte que l'on avait
dédaignée..... Ainsi il a trouvé le
moyen, en intéressant le public dans
sa cause, de se faire rendre justice ,
et de punir du même coup l'orgueil
et la mauvaise foi de son modèle. —
Le tableau n'est exposé que depuis
ce matin , et déjà on lui a offert mille

écus pour le retirer. Mais lui, jouissant d'une fortune honnête, indépendante, qui le met au-dessus de ces misères, a voulu accomplir sa vengeance. Il n'a souscrit à aucun accommodement, et le portrait restera jusqu'à ce que tout Paris ait eu le temps de le voir et de le reconnaître.

Dans ce moment, une femme d'une tournure assez jolie, mais surtout très-lascive, passa près de madame de Lymours, qui la remarqua.

Vous qui connaissez tant de monde, dit-elle à Derville, pourriez vous me nommer cette dame, que je rencontre par-tout?

Elle est peu connue, répondit-il, quoiqu'elle fasse bien tout ce qu'il faut pour acquérier certaine célébrité. — Mais aussi quelle mal-adresse ! — Aller choisir, pour parvenir à ce grand but, le sentier si battu de la

galanterie !—Il y a dans ce pays trop
de concurrentes.....

madame D U F E U I L.

Que vous êtes insupportable avec
vos calomnies !

DERVILLE.

Oh ! je vous reponds que cette
dame est bien au-dessus des traits
de la méchanceté. Quand on ne craint
plus la médisance, on peut affronter
la calomnie.

madame D E L Y M O U R S.

Toujours caustique !

D E R V I L L E, *continuant.*

Sa vie entière est un tissu précieux
de circonstances singulières. Elle a
su faire naître les unes, et tirer parti
des autres. On remplirait des vo-

lumes, de tous les traits saillans
dont elle a déjà parsemé sa carrière.

madame DUFEUIL.

Hé bien ! citez-nous-en : vous hé-
sitez......

DERVILLE.

C'est seulement l'embarras du
choix. — Mais l'instant et le lieu ne
sont guère propres à des révélations
semblables. — Quelque jour vous
serez satisfaite. — Je vous prie, en attendant, d'observer le jeune homme
qui est avec elle.

madame DUFEUIL.

Par quelle raison ?

DERVILLE.

C'est que vous ne les trouverez
plus deux fois ensemble. — Toujours

III.   D

je l'ai vue conduite par un nouvel attentif. Je ne sais si la place n'est pas
tenable, ou si réellement, comme elle-
même le dit avec beaucoup d'esprit,
elle craint de s'exposer aux malheurs
d'un *attachement*; mais jusqu'à pre-
sent, on n'a vu près d'elle que des
heureux, et pas un jaloux. Jamais elle
ne les a pris qu'à l'essai, et, grace à
cette méthode, elle aura bientôt passé en revue toute notre jeunesse.
Enfin sa légéreté est si extrême, qu'un
homme qui la connoît très-bien, me
disait que, maintenant, le seul moyen
de la gagner de vîtesse, était de la
quitter avant d'avoir tout obtenu,
car il paraît démontré que la dernière
preuve d'amour n'est jamais achevée
sans qu'elle ait déjà médité une infi-
délité. Vous devez sentir qu'elle ira
loin. — Au reste fort aimable, rem-
plie de talens, mais d'une indolence
à laquelle j'attribue sa manière d'être.

Quand on n'a jamais la force de dire *non*, on ne manque pas de gens qui font faire comme si on avait prononcé *oui*.

Derville était lancé, et ne paraissait pas disposé à finir de si-tôt, malgré les signes d'impatience de madame Dufeuil, qui avait ses raisons pour se fâcher de ne pas le trouver plus indulgent. — Mais son attention fut bientôt détournée par un portrait que madame de Forban reconnut. C'était celui d'un jeune homme très à la mode, et très-répandu. Derville cherchait l'occasion de donner indirectement une forte leçon au chevalier, devant madame de Lymours, et ce portrait lui en fournit le prétexte.

J'en ai rencontré quelquefois l'original dans le monde, dit-il aux dames. C'est l'un des coryphées de nos jeunes gens à la mode, de cette classe

2

délicieuse d'agréables, qui , depuis
dix ans que l'on a perdu les grands
modèles , se mêlent de vouloir donner le ton.

(Ici monsieur de Telnange rejoignit
la petite société , et Derville qui s'en
apperçut , n'en fut que plus déter-
miné à poursuivre.)

Beaucoup d'entr'eux , sans autres
moyens qu'une effronterie à toute
épreuve , sans autre esprit qu'un in-
intelligible jargon , sans autres ressources que les revenus du *trente et
un* ou de la bouillotte , étalent aux
yeux de tout Paris un luxe dont la
source est inconnue. Tantôt vous les
voyez , au cours, promener dans un
char élégant qu'ils n'ont pas payé ,
le problème d'une existence mystérieuse, ou traîner de loge en loge, au
spectacle , le poids insupportable de
leur importance prétendue et de leur

nullité réelle. A les entendre, pas
une femme ne leur résistè ; suivez-
les, et vous les verrez, chaque soir,
rentrer paisiblement chez eux, ou aller, si la *veine* a été bonne, dépenser
en débauches le gain illicite de la
journée. Ils vont par-tout, savent tout,
ont tout vu, tout eu. — Insolens avec
les femmes, maussades avec les hommes, rien ne peut être comparé à
leur suffisance que le néant des motifs sur lesquels elle s'étaye. — A
l'abri d'un nom, souvent d'emprunt,
d'une belle physionomie et d'une jolie tournure, quelques uns se glis-
sent dans le grand monde, dont ils
parlent toujours, quoique beaucoup
ne l'ayent vu que par le trou d'une ai-
guille. — Embryons ridicules, émules
subalternes des Lovelace, des Riche-
lieu, ils ne craignent point de pro-
fesser leur morale, sans en racheter
comme eux les erreurs par des qua-

lités utiles et grandes. Ces Messieurs
se font appeler d'*aimables roués* ;
et , soit dépravation, soit manque
d'usage , ne rougissent point de se
glorifier d'une dénomination abandonnée depuis vingt ans à la plus mauvaise compagnie. Peu délicats sur
leurs moyens de perfidie, parce qu'ils
ne le sont jamais sur le choix de leurs
victimes, vous les entendrez traiter
du même air , rabaisser au même ni-
veau, et la femme vertueuse qui leur
a résisté , et la femme honnête qui
les a éconduits , et la coquette qui
leur a accordé ses faveurs, et la cour-
tisane qui les leur a vendues. Enfin ,
pour la plupart sans talens , sans fortune , sans emploi , sans crédit , ils
trouvent encore le secret de faire
supposer les uns, de se passer des
autres, et quelquefois de vendre le
dernier , vivant ainsi au jour le jour,
hypothéquant leurs revenus sur la

niaiserie de leurs dupes, comme leurs plaisirs sur la facilité de leurs maîtresses.

L'homme noir, qui avait fort attentivement écouté cette tirade, en conçut une grande estime pour l'éloquent Derville; et quoiqu'il fût trop bon observateur pour n'avoir pas, en partie, pénétré ses motifs, il n'en demeura pas moins persuadé, qu'un homme qui connaissait si bien les travers de son siècle, et les signalait avec cette chaleur, méritait d'être distingué de la foule.

Madame de Lymours était subjuguée. — Pour Sellin, il sautillait d'un air distrait, en lorgnant quelques miniatures. L'habitude l'emportant toujours, il tentait parfois quelques pirouettes qu'il ne pouvait jamais achever, parce que madame de Forban tenait son bras; et s'attirait, par

son étourderie, de fortes réprimandes
de cette dame, qui peut-être regre-
tait déjà Durfort.

Madame Dufeuil, qui démêlait
assez bien le but de Derville, sentait
son humeur augmenter : elle s'en alla,
et fit bien; car ce chapitre est furieu-
sement long.

Le soir, elle revit le volage chez
la comtesse. La jolie veuve n'était
plus là. — Il combla sa rivale de soins,
de prévenances. — Le soir enfin ils se
raccommodèrent encore.

O faiblesse ! ! ! !

Mon ami, lui dit Valbrun en sor-
tant, pensez à moi !...

CHAPITRE V,

Où l'histoire paraît tirer à sa fin.

SERAIT-IL possible! dit madame Dufeuil, en posant sur la table sa tasse de chocolat. Quoi! votre ami Félix serait monsieur de Valbrun, ce même vicomte qu'Emma....

DERVILLE.

Précisément. — J'ai assez compté sur vous pour ne pas hésiter à vous confier sa position, et pour espérer que vous voudrez bien employer votre crédit....

De tout mon cœur. — Je ne suis plus surprise qu'elle le regarda si attentivement passer, il y a six semaines....

5

Sa situation est affreuse : environné de périls , entouré d'espions , sa liberté et ses jours seraient également compromis , si l'on tardait plus longtemps à porter le dernier coup.

Nous aviserons ensemble aux moyens de le frapper sûrement. — Je m'étais toujours doutée que ce n'était point un homme ordinaire.

Vous savez combien je lui suis attaché. L'amitié la plus tendre nous lie depuis le berceau. — Ai-je besoin de vous assurer de toute ma reconnaissance ?

Le traître ! comme il sait s'y prendre ! — Etiez-vous comme cela hier matin aux tableaux , Monsieur ? — Pourquoi faut-il que ce soit aux intérêts de votre ami que je doive ce retour de votre part ?... En bonneur , je ferais bien de vous refuser net....

Mais je suis trop bonne, et puis, monsieur de Valbrun m'intéresse réellement.

Parlez de lui à B*****; c'est pour lui l'affaire d'une signature.

C'est bien aussi de ce côté que je compte diriger mes démarches.

Vous êtes charmante !

Ingrat !

Adorable ! . . . .

. . . .

En vérité, Valbrun avait là un ami bien chaud.

Derville vint le retrouver en se frottant les mains :

Réjouis-toi, mon cher Félix; tout va le mieux du monde. Madame Dufeuil te trouve aimable. J'ai révélé ton secret dans un de ces momens où le plaisir a disposé l'ame à la bienveillance. Elle intéressera pour toi le Directeur B*****; et bientôt, rentré en possession de tes biens, comblé des dons de la fortune et des faveurs de l'amour, tu goûteras dans les bras de ta maîtresse le bonheur réservé à ceux qui nous ressemblent.

Valbrun, enchanté, alla sans doute remercier sa nouvelle protectrice ; sans doute aussi il fit part à Emma de ses nouvelles espérances, &c. &c. Nous faisons grace au lecteur de tous ces lieux communs.

Mais la veille, monsieur Félix avait-il été bien exact dans le rapport qu'il avait fait aux dames, de sa courte entrevue avec Durfort ? N'avait-il point eu un motif caché pour desirer de lui parler?—Cette petite Fanny?... — Elle lui tenait toujours un peu au cœur ; et, en vérité, elle était si intéressante !

Monsieur Félix, en racontant la
fuite de l'homme à basse encolure,
s'était bien gardé de parler du petit
savoyard à qui il avait donné un écu
pour le suivre. — Il avait même depuis caché à Derville, que d'après
les renseignemens fournis par son
espion, il paraissait certain que Durfort avait claquemuré sa maîtresse au
fond du Marais, rue *Culture Sainte-*
Catherine. — Il se promit de tâcher
de la voir un instant. Il avait été la
cause de sa réclusion momentanée ;
il était juste qu'il cherchât à l'en consoler. Il voulait d'ailleurs pénétrer le
mystère dont elle s'enveloppait....

Mais Derville ne le quittait pas ; et
quelques plaisanteries indirectes lui
firent craindre qu'il n'eût découvert
son projet. — Après quelques jours
passés dans la fréquentation habi-
tuelle de la société, madame Dufeuil

le fit prier à déjeûner avec son ami ,
et leur annonça que B***** était on
ne pouvait mieux disposé ; qu'il avait
promis sa signature , et qu'il ne s'a-
gissait que d'avoir une décision favorable du Ministre que cette affaire
regardait ; décision qu'il ne voulait
point influencer , dans un moment où
la rigueur envers les émigrés était
encore à l'ordre du jour.

Cette nouvelle combla de joie les
deux amis , qui furent invités à passer
chez madame Dufeuil toute la journée. — Valbrun , près d'Emma , ne
pensa point à Fanny. — Ce ne fut
pas sans quelqu'étonnement qu'il s'apperçut de la disparition de Derville ,
qui s'était esquivé vers neuf heures ,
sans que l'on eût entendu partir sa
voiture. — Il rentra à onze , d'un air
riant, et donna une excuse à madame
Dufeuil , qui , n'aimant pas la mu-

sique, venait de s'ennuyer mortelle-
ment à écouter chanter des duos italiens, par Emma et son amant.

A propos, lui demanda Derville,
allez - vous après-demain au bal de
madame A*** ? il sera brillant.

Je n'y manquerai certainement pas.
— Et vous ?

J'y conduis *Félix*. (Car il était convenu que Valbrun aurait toujours
porté ce nom jusqu'à sa radiation définitive.) Voulez-vous que nous ve-
nions vous prendre ?

Grand-merci ; nous ne pourrons y
aller que fort tard.

Le lendemain soir, Valbrun, s'en-
nuyant aux Français, dans la loge de
madame de Forban, où Derville
l'avait laissé, résolut de profiter de
cet instant pour voir Fanny. — A
neuf heures, il prétexta une indis-

position, sortit, et se rendit au Marais. — Ayant laissé son cabriolet dans la rue des Francs-Bourgeois, il s'achemina à pied vers la demeure de la sirène. — Il parvint à son appartement sans difficulté. — Une femme-de-chambre vint ouvrir, et le reconnut. — Il traversa rapidement l'anti-chambre et le salon, et trouva la maîtresse de Durfort dans le plus séduisant négligé.

Ah ! c'est vous, monsieur le vico... et puis, comme si elle avait dit une sottise, elle se reprit : Monsieur Félix, que je suis aise de vous revoir !

Fanny était charmante. — Mais je ne sais quel embarras régnait dans toute sa personne, et nuisait à l'aisance ordinaire de ses graces naturelles.

Qu'avez-vous donc, mon enfant,

lui demanda Valbrun ? — Est-ce que
je vous fais peur ?...

Oh ! non. — Mais bien du plaisir,
vous le savez. .(Et elle attachait sur
lui les deux yeux les plus expressifs....
Elle fit un signe à la femme - de-
chambre, qui sortit.)

Ce plaisir est bien partagé ; car depuis long-temps je desire vous revoir...

Vous avez l'air fort gai ; tant mieux.

C'est ce plaisir dont je vous par-
ais....

C'est toujours *vous*, à présent. —
Je ne suis plus ta Fanny... que dis-je !
ai-je jamais été rien pour toi ?.. Tiens,
le voilà, ce voile, dont tu as cru
payer tes plaisirs..... Il a fallu l'ac-
cepter, puisqu'en m'avilissant à tes
yeux, je t'avais donné le droit de me
l'offrir, je m'étais ôté celui de le

refuser. — Je ne le quitte pas. . . . Il
m'est à-la-fois cruel et cher : il me
retrace mon humiliation et ton image ;
mes fautes et nos délices. . . . Mais, je
m'oublie. . . . Pardonnez, monsieur de
Valb. . . . Monsieur Félix. . . . Mon
dieu ! je me trompe toujours. . . . .
C'est sous ce nom que je vous ai connu. . . . . Il n'est pas étonnant. . . . .

Pourquoi ne me le donneriez-vous
pas ? Nous sommes seuls ; et d'ailleurs, j'espère pouvoir bientôt le porter sans crainte. . . .

Oh ! que je serais enchantée ! Si
vous saviez à quelles affreuses inquiétudes je suis toujours en proie ! . . Je
tremble continuellement que. . . . .

Mais quel intérêt ? — De grace,
ma chère Fanny, expliquez-moi donc
ce mystère. . . . où m'avez - vous vu
hors de France ?

C'est en vain que vous m'en pres-
eriez.... Demandez-moi toute autre
chose, et vous ne serez pas refusé
par la sensible Fanny....

Un baiser.....

Oh! dix.....

Ouaie! dit une voix que Valbrun
crut reconnaître, et qui le frappa
l'étonnement.Qu'un baiser!Ah!mon
ami, vous êtes modeste....

En même temps, une porte, s'ou-
rant, montre aux deux jeunes gens
stupéfaits, Derville, Derville lui-
même, qui, une bougie à la main,
paraissait s'amuser beaucoup de leur
embarras. Enfin, rompant le silence:

C'est donc ainsi, mon cher Félix,
que vous tenez vos promesses?

FANNY.

O ciel!

(Valbrun, pétrifié, ne répondait ;
rien.)

DERVILLE, *à Valbrun.*

Vous ne parlez pas ? — Madame,
cependant, avait, ce me semble,
grande envie de vous faire jaser.

VALBRUN, *vivement.*

Il est des occasions où les meil-
leures plaisanteries ne sont pas goû-
tées. — A plus forte raison....

DERVILLE, *gaîment.*

Les mauvaises ? — Fort bien, je
vous engage à vous fâcher. Il ne vous
manquerait plus que de tuer votre
plus ancien ami, à qui vous faites
jouer un joli rôle, après avoir manqué à votre parole.....

VALBRUN.

Mais, vous-même....

DERVILLE.

Moi, je n'ai rien promis. Vous
l'aviez inspiré un vif desir de con-
aître madame. — J'ai fait chercher
a demeure ; je l'ai découverte, et je
ie suis présenté, sans autre but que
elui de passer quelques instans avec
lle, et de jouer pièce à Durfort l'*em-
allé*. Elle a répondu....

VALBRUN, *avec inquiétude.*

Elle a répondu, dites-vous ?

DERVILLE, *continuant, avec malice.*

Elle a répondu parfaitement....à
'opinion que vous m'en aviez donnée.
— Depuis deux ou trois jours que
Madame veut bien me recevoir....

VALBRUN, *jetant un coup - d'œil sur
Fanny, qui est renversée sur son
ottomane, la téte cachée dans
ses mains.*

Quoi ! depuis trois jours....

FANNY, *en sanglotant.*

Je n'ai rien à répondre pour me justifier, puisque des apparences perfides.....

DERVILLE, *l'interrompant.*

Vous voyez, mon cher Valbrun, que les conseils de l'amitié sont toujours bons à suivre. Le plus sage que je puisse vous donner, c'est de retourner avec moi à l'hôtel.

Valbrun se laissa entraîner, et remarqua que Derville mettait une bourse sur la cheminée. Arrivés tous deux dans la rue,

Comment, lui dit-il, vous êtes à pied!

Derville (*riant*). J'étais venu comme en bonne fortune. — De quoi diable aussi vous aviser de venir troubler,

nes tête-à-tête ! (*Riant plus fort*)
l est vrai que je te l'ai un peu rendu.
— Vous étiez tous deux à peindre.

C'était donc la troisième fois que
tu allais la voir ?

Eh ! mon dieu, oui. — Quand tu
frappas, elle craignit que ce ne fût
Durfort. Je passai dans son cabinet
de toilette, où bientôt sa femme-de-
chambre vint m'engager à sortir par
un dégagement.... J'avais reconnu
ta voix. — Plus jaloux encore de sauver ta fidélité du naufrage que piqué
de la préférence que l'on t'accordait,
je m'obstinai à demeurer, et me mis
à écouter. — Tu sais le reste....

Et cette bourse ?

Nous lui avions fait perdre son
temps, il était dans l'ordre....

Tu penses donc que c'est une fille
bien décidée ?

Je pense. . . . que tu dois le croire ainsi.

Mais conviens qu'elle est fort aimable.

Oui, je l'ai trouvée au-dessus de son état. — Mais, comme le voilà pensif, parce qu'il imagine que je lui ai succédé près de cette petite...

Mais, c'est que la chose paraît certaine.

Tant mieux; car cette intrigue-là, je te l'ai déjà dit, ne te convient nullement, sur-tout lorsque tu te vois au moment de toucher au comble de tes vœux.

Ah! cela est vrai. — Mon Emma!...

Et ils rejoignirent le cabriolet dans la rue des Francs-Bourgeois.

Deux hommes les avaient suivis depuis celle Culture Ste.-Catherine;

ais ils s'en inquiétèrent peu ; et la
itesse de leur voiture les leur eut
ientôt fait perdre de vue.

Valbrun réfléchissait. Il paraissait
rouvé que Derville avait eu envie de
'anny ; il en était lui-même convenu.
– Mais l'avait-il eue réellement?...
lle serait assez peu délicate...! – Non,
ela n'est pas possible. . . . Cependant,
 est si aimable avec les femmes , si
éduisant , si séducteur !... Et puis,
urait-il parlé devant la petite ce lan-
age de possession , d'autorité ? —
llons, il l'a. . . . Mais. . . . *des appa-*
ences perfides ! ... Oui... Et tout
n discutant ainsi , monsieur Félix
'endormit ; ce que nous vous souhai-
ns , monsieur ou madame ; car nous
utres auteurs n'avons pas mal som-
eil aussi.

CHAPITRE VI.

Le Bal.

VALBRUN se réveilla (car on ne peut pas toujours dormir), la tête pleine des incertitudes qui l'avaient agité la veille. Le souvenir de ces deux hommes le tourmentait..... Mais il devait voir Emma ce même soir chez madame A***, et cette idée bannissait sa tristesse, si elle ne faisait pas taire toutes ses inquiétudes. D'ailleurs, ses sollicitations près du Gouvernement étaient en bon train.

Après avoir passé une partie de la journée ensemble, l'heure convenable étant arrivée, les deux amis se rendirent chez madame A***, où ils trouvèrent une société aussi brillante que nombreuse. — Ils y cherchèrent vainement Emma et madame Dufeuil. —Contrarié de leur absence, inquiet sans savoir pourquoi, Valbrun ne pouvait écarter les idées sinistres qui lui noircissaient l'imagination. Triste au sein de la gaîté, ennuyé au milieu des plaisirs, son état alarma Derville, qui, en bon ami, ayant remis madame de Lymours aux soins de l'homme noir, vint le chercher pour tâcher, en l'égayant, de le consoler un peu de l'absence d'Emma.

Il fixa tour-à-tour son attention, et sur des femmes équivoques, et sur des jeunes gens ridicules. — La maîtresse de la maison, quoiqu'elle donnât la fête, ne fut pas plus épargnée ; mais du moins il lui rendit justice. Si l'on disait, avec raison, de deux ou trois danseurs sublimes, à tournure empruntée, qu'ils avaient la *tête aux pieds*, on n'aurait pu sans calomnie lui appliquer le même lazzi. Elle les égalait par ses graces, autant qu'elle les surpassait par son esprit. Elle était fort galante; mais peut-être encore plus aimable. On lui passait la première qualité, d'ailleurs si commune chez les *dames du siècle*, en faveur de la rareté de la seconde.

Un des amis de Derville l'accosta, et se mêla à ses observations.

Ah ! Messieurs, dit-il, je vois que vous ne prêchez pas l'indulgence. Admettez-moi de moitié dans cette ample moisson de ridicules, dont cette réunion offre un champ si vaste. - Assez souvent ces dames se moquent de nous. Je prends ma revanche toutes les fois que je le puis.

Il achevait ces mots, quand Valbrun lui fit remarquer une petite femme assez jolie, de l'extérieur le plus modeste et le plus froid.—Voilà, sans contredit, une des femmes les plus sages de celles qui sont ici.

LE JEUNE HOMME.

Où donc?

VALBRUN.

A ce quadrille en face de nous...:

LE JEUNE HOMME.

Il m'en coûte de vous détromper sur son compte; mais en honneur, je ne puis, par amour pour la vérité, vous laisser dans une erreur aussi profonde.

VALBRUN.

A vous en croire, ce serait aussi...

3

LE JEUNE HOMME.

Ah ! mon dieu, oui. — Demandez plutôt à Derville.

DERVILLE,

De quoi s'agit-il ?

VALBRUN.

Vous connaissez cette dame ?

DERVILLE.

Certainement ; son aventure avec Monsieur est assez plaisante. Engagez-le à vous la raconter. Je l'entendrai encore avec plaisir.

LE JEUNE HOMME.

Je puis convenir, sans fatuité, que le hasard m'a singulièrement servi auprès d'elle. — C'était un soir de l'été dernier ; il faisait très-chaud. Je la rencontrai aux Tuileries, accompagnant une femme avec laquelle je vivais très-familièrement. Je connaissais fort peu celle-ci, et sa réserve, sa froideur même, avait toujours éloigné de mon esprit le moindre projet sur sa personne. Au reste, Messieurs, jugez vous-mêmes, et dites-moi si ce maintien modeste et parfois gauche, cette tournure décente, ces yeux baissés, ne dérouteraient pas le plus fin connaisseur? — Je ne songeais pas plus à elle !.... Mais le diable qui ne dort jamais, étoit ce jour-là plus éveillé que de coutume. — Le temps se couvrit. Je reconduisis les deux dames chez mon amie; à peine y étions-nous arrivés, qu'un orage affreux se déclara. La jeune femme eut peur : nous étions près l'un de l'autre ; elle se serra contre moi. Etonné, je me prêtai à sa frayeur, et, à la faveur de l'obscurité, elle trouva un refuge dans mes bras. — Cependant l'orage continuait; chaque coup de tonnerre me valait un aveu tacite ; chaque éclair semblait passer dans son cœur, que je sentais palpiter sous ma main. — Quoiqu'elle ne m'inspirât rien , ou très-peu de chose, cette situation m'amusa un moment. Il vint des visites ; plusieurs personnes furent retenues à souper : j'étais du nombre. A l'heure de se séparer, je cherchai vainement mon chapeau , que je me rappelai enfin avoir oublié dans la chambre à coucher ; j'y entre , laissant après moi la porte du salon ouverte : la jeune femme , une bougie à la main , m'avait suivi pour m'éclairer. — Le souvenir de ce qui s'était passé avant souper, la nouveauté de l'aventure , le feu extraordinaire que je voyais briller dans ses yeux , la mauvaise étoile des maris...... enfin , je ne sais quel malin démon me poussa ; je cédai, en poussant la dame qui céda, et poussa un lit, qui ne céda pas. Il est facile de deviner de quelle manière nous nous trouvâmes disposés, par une suite de la première impulsion, et, tout en méditant très-philosophique- ment sur la fragilité de l'espèce hu- maine, j'ajoutai, par distraction et comme par mégarde, un nouveau nom à l'innombrable liste des femmes fai- bles et des maris trompés.

VALBRUN.

Et la chose en resta là ?

LE JEUNE HOMME.

Un peu confuse de son abandon, la dame baissait les yeux en silence. Heureusement elle venait de quitter la place, théâtre de ce combat, où je n'avais pas plus eu la gloire de l'at- taque, qu'elle les honneurs de la résistance, lorsque la maîtresse de la maison entra, et ne pensa pas même à nous railler sur le temps que j'avais mis à trouver ma coiffure. — Il y avait de quoi faire plus d'une plaisanterie, mais je me tus, et depuis lors, je n'ai plus reparlé à cette singulière petite femme, qui, de son côté, paraît avoir fait les mêmes efforts pour tout oublier.

Valbrun ne put s'empêcher de sourire à ce récit, comme à la discrétion du conteur, et sur-tout aux réflexions plaisantes de Derville, qui, toujours attentif, voulait étourdir son ami sur des inquiétudes que lui-même commençait à trouver fondées.

Mais concevez-vous, disait Valbrun, que madame Dufeuil ait manqué un bal charmant.....?

Que sait-on ! quelle jolie femme

est exempte de caprices ? — Et ton Emma elle-même.....

Emma ! mon ami. Ah ! respectez-la. Mon Emma , simple comme la nature , est étrangère à toutes ces affections factices dont nos femmes à la mode cherchent à charmer leur ennui en attirant notre compassion pour mieux irriter nos fantaisies. — Emma n'eut jamais ni vapeurs , ni caprices. ... Emma...

Hé, là, mon dieu , comme il s'emporte ! Emma, je le veux croire, est la plus parfaite des femmes : je ne la connais d'ailleurs que par vous. Il m'irait mal de la juger. — Mais, madame Dufeuil. ... elle est à moi , je la sais par cœur, celle-là ; et l'on peut, sans déprécier la pupille , convenir des petits défauts de la tutrice....

Mais , quelle rumeur s'élève à

6

l'autre bout de la salle ? — Ce sont peut-être elles....

Je savais que l'amour est aveugle ; mais à ce point.... Ah ! Valbrun, je ne vous le pardonne point. – Prendre pour votre amie cette femme qui vient d'entrer , voir Emma dans madame d'Ourley : c'est confondre les idées les plus opposées, la beauté décente avec la tournure dévergondée ; le bouton de rose de la jeunesse avec la fleur déjà fanée d'un âge prématurément avancé ; les charmes attirans de la pudeur avec les repoussans lazzis de la lubricité ; la pureté d'une ame sans tache , avec les souillures d'une réputation méritée ; la candeur avec la perfidie ; et Lucrèce avec Messaline.

Toujours de la satire ! Eh quoi ! mon cher Derville ! si peu d'indulgence pour un sexe que vous adorez en le déchirant, à qui vous devez vos plus heureux momens ? — Toujours du fiel !...

Contre des colombes, interrompit Derville en riant ; mais celle-ci est au moins un vautour.

Encore !

Elle en a toute la voracité : elle digérerait des tonnes d'or. — Mais à cette première qualité, elle réunit une *astuce* rare, et digne du plus subtil des héros de La Fontaine.

Bon ! une nouvelle histoire scandaleuse....

Oui, nouvelle, et très-nouvelle. — Un jeune provincial, fils d'un banquier immensément riche, était passionnément amoureux d'elle. Elle pesa son mérite au poids de son or. Le moyen de ne pas trouver charmans des billets-doux auxquels sont annexés des billets de banque! Nouveau Jupiter, il séduisit cette autre Danaë, dont le discret mari prit la chose en bon Parisien. — Au bout de quelque temps, les fonds commencèrent à baisser ; les ressources s'épuisaient. L'amant fit des dettes ; et bientôt les correspondans de son père lui retirèrent leur crédit. Les créanciers, race impitoyable, rampante aux pieds de la fortune, insolente sur l'autel de la misère, le poursuivirent à outrance. Pauvre d'argent, mais riche de son amour, le cher homme s'avisa d'ajouter au malheur de sa position le ridicule d'une constance passée de mode. Ses stériles hommages ennuyèrent bientôt la dame sans le rebuter. — Il n'était sorte de ruse que l'on n'employât pour le dégoûter d'une fidélité si extraordinaire. Froideurs, caprices, dédains même, rien ne pouvait venir à bout de sa fatigante ténacité. — Enfin, un beau jour, son père reçoit une lettre, dans laquelle un anonyme lui donne avis que son fils, tombé depuis long-temps à Paris dans les mains d'une coquette, qu'on lui nomme, et connue pour être aussi dangereuse par sa prodigalité que par ses attraits, s'est déjà beaucoup obéré pour elle, et menace de compléter sa ruine totale, si sa famille, par un coup d'autorité, ne le force à retourner dans son sein, pour y expier ses sottises passées, et en prévenir de nouvelles. — Le père alarmé accourt à Paris; il regrette dans sa fureur l'heureux temps des lettres-de-cachet, gourmande violemment son fils, et en le remmenant au fond de sa province, débarrasse ainsi la dissimulée coquette de son incommode amant.

Quoi! c'était elle ?

Elle-même, qui avait écrit le billet anonyme?

Mais comment a-t-on pu savoir?...

Personne ne s'en serait douté, si la dame, jalouse d'augmenter sa réputation par un trait qui devait à jamais l'illustrer dans les fastes de la galanterie....

Ne l'avait fait indirectement publier?

Indirectement, dites - vous? — Elle-même, mon ami, encore elle-même; et c'est-là ce qu'il y a de plus piquant.

C'est une horreur!...

Comme on en voit beaucoup.

Derville continua ainsi à draper quelques autres personnes, jusqu'au moment où, n'étant plus maître de son impatience, Valbrun lui proposa de se rendre avec lui chez madame Dufeuil, pour savoir la cause d'un retard aussi étonnant. — En vain son ami lui représenta-t-il que, n'étant muni d'aucun papier, il ne pouvait sans danger s'exposer à traverser Paris au milieu de la nuit, même en voiture; en vain lui mit-il devant les yeux l'inconvenance d'une visite à pareille heure, chez une femme qu'il connaissait peu; tous ses efforts furent inutiles : Valbrun, comme excité par un mauvais génie, ne voulut entendre à rien.

Un funeste pressentiment agitait Derville; il ne voulut pas quitter son ami, et sortit des appartemens pour appeler lui-même sa voiture. Il crut remarquer dans la cour, alors pleine de laquais, quelques hommes de mauvaise mine. — Il n'y fit pas, dans le moment, grande attention, et

rentra aussi-tôt pour chercher Valbrun. — Celui-ci, impatient, agité,
va se précipiter dans la voiture,
quand deux hommes, plus alertes,
le saisissent. Le fatal *de par la loi*
est prononcé ; et ce mot magique
semble paralyser les assistans frappés
de la foudre.

Valbrun, sans armes, ne pouvait
songer à se défendre. Il veut au moins
savoir de quel droit.....

Sur-le-champ les redingottes sont
ouvertes, et il reconnaît l'uniforme
de la gendarmerie.

Suivez-nous, répètent-ils encore
une fois.... montez dans ce fiacre....

Derville veut l'y suivre, mais en
vain. On lui refuse la triste consolation d'adoucir à son ami les premières
horreurs de la captivité. Il ne peut pas
même l'embrasser. On le repousse ;

il est réduit à suivre de loin dans sa voiture..... Le fiacre part.... Une nombreuse escorte l'entoure.... On prend le chemin des boulevards...

Valbrun est arrêté !....

CHAPITRE VII.

Le Ministre reparaît sur la scène.

Il y a bien long-temps que nous n'avons dit un mot de ce Ministre, autrefois protecteur de Dufeuil pour l'amour de sa femme, à présent presque son ennemi par amour pour sa pupille.

Que faisait-il pendant que nos jeunes gens, tout occupés de leur tendresse, se croyaient oubliés de l'univers qu'ils oubliaient eux-mêmes?— L'on a pu s'étonner de cette espèce d'inaction, et ceux qui ont déjà jugé son caractère, en concluront que s'il restait oisif, c'est qu'il n'avait point de mal à faire. Mais avait-il abandon-

né ses projets ? — Non. Sa tranquillité feinte est le sommeil du lion :
gare au réveil.

Il avait tout observé. — Servi par
cet instinct de malfaisance qui semble
propre aux méchans, il avait deviné
ce qui n'était encore alors qu'un pro-
blême pour madame Dufeuil et sa société ; que monsieur Félix était l'a-
mant aimé d'Emma. — Aussi-tôt tous
les ressorts que les loix mettent dans
les mains du pouvoir pour assurer la
sûreté publique, furent employés par
cet homme pervers pour troubler la
tranquillité particulière. Des espions
furent gagés, des laquais séduits,
des délateurs payés.... — L'Excel-
lence ne tarda point à découvrir que
le jeune peintre, caché sous le plus
grand secret dans l'hôtel de Derville,
exerçait fort peu son art, et avait un
autre nom, que des circonstances as-

sez singulières lui avaient fait con‑
naître. — Il basa son plan sur ce soup‑
çon, et l'espoir de sa réussite lui en
fit hâter l'exécution.

Homme cruel ! tu savais où tes ma‑
nœuvres devaient conduire l'objet in‑
fortuné de ta vengeance. — Mais ton
ame endurcie, était inaccessible
même aux remords. Familiarisé avec
le crime, le sang ne coûtait rien à ta
férocité. — Le cri vengeur de ta con‑
science n'était plus à craindre pour
toi : depuis long-temps elle était
muette....

L'arrestation inattendue de Val‑
brun, les circonstances critiques dans
lesquelles il se trouvait, tout donnait
à Derville une inquiétude d'autant
plus violente, que depuis quelque
temps on semblait redoubler de sévé‑
rité envers les infortunés auxquels
on cherchait à l'assimiler. — S'il

allait passer à un conseil de guerre ; si .... grand dieu ! cette pensée le faisait frissonner. Il savait bien , cependant , que Valbrun , sorti de France bien avant la promulgation des loix sur les émigrés , ne pouvait, suivant les règles de l'exacte justice, être regardé comme tel. — Mais son innocence ne le rassurait que faiblement, ou, pour mieux dire, augmentait encore ses crainte. La manière dont il avait été arrêté , le lieu où on était venu le chercher, indiquaient assez qu'un ennemi secret, acharné à lui nuire, était le moteur caché de ce funeste événement. — Cet ennemi , Derville le soupçonna ; et, pour fixer ses doutes, adopta une marche qui devait les détruire ou les confirmer, et lui donner la certitude indispensable au succès des ressorts qu'il aurait fait jouer en conséquence.

Son premier soin fut d'instruire de l'accident arrivé à son ami, les personnes qui le connaissaient, et dont le crédit ou l'appui pouvait lui être utile. — Il n'oublia point dans le nombre madame Dufeuil, qu'il avait été fort étonné de ne point voir au bal de madame A****. Il se rendit chez elle le lendemain de grand matin. Toute la maison était en alarmes; Emma, depuis vingt-quatre heures en proie aux accès d'une fièvre très-forte, était dans une situation à faire craindre pour ses jours; et madame Dufeuil, réellement inquiète, n'avait pas voulu la quitter. Elle était dans l'appartement de la jeune orpheline, lorsque Derville fut annoncé : elle le fit prier d'y monter. Elle le reçut dans le petit salon attenant à la chambre à coucher, et là, il lui apprit en peu de mots les détails de l'événement fatal qui venait de lui enlever son ami.

O ciel ! s'écria imprudemment madame Dufeuil : il est au Temple....

Chut , chut.... Emma va tout entendre.... Elle est déjà malade , et cette fâcheuse nouvelle....

Derville avait raison ; mais il était trop tard. L'exclamation de sa tutrice avait retenti jusqu'à son cœur. Egarée , hors d'elle-même , profitant de l'absence de sa femme-de-chambre , qui la gardait , puisant une force inconnue dans l'excès de sa crainte , elle se lève , et court écouter d'une oreille avide les dernières circonstances de l'affligeant récit de Derville. Mais si l'appréhension du malheur l'avait agitée à ce point , qu'on juge , s'il est possible , de l'effet que produisit sa certitude. Déjà affaiblie par la fièvre, elle ne put soutenir une sensation aussi douloureuse, elle jeta un cri perçant..... Derville et madame Dufeuil accoururent, et la trouvèrent évanouie sur le seuil de la porte d'où l'infortunée avait surpris leur entretien. — Tous deux, saisis d'une juste compassion, la firent remettre au lit, où elle ne reprit ses sens que pour s'abandonner aux angoisses du plus affreux délire..... — Ce n'est plus cette jeune fille, naguère si timide, rougissant au seul nom de Valbrun; c'est une amante en pleurs, réclamant à grands cris l'objet de sa tendresse. Tantôt elle le voit près d'elle, il est rendu à son amour, qu'elle s'accuse d'avoir si long-temps caché à ses yeux; elle lui parle..... il lui répond; elle le félicite de ce qu'il s'est sauvé des mains de ses persécuteurs.... Tantôt, c'est aux pieds d'une rivale qu'elle l'apperçoit..... Elle lui rappelle en vain ses sermens..... Le parjure ne l'écoute point, il la fuit, et fait succéder aux transports si doux de l'amour, les transports épouvantables de la jalousie..... Mais, le plus souvent, c'est le fatal bandeau sur les yeux, que son imagination effrayée lui représente Valbrun..... Il est au milieu de ses bourreaux...... Un cercle d'assassins...... Un plomb meurtrier, dirigé par une main sûre!!!! Elle ne résiste point à cette image..... Ses facultés ne suffisent plus à sa douleur..... Elle succombe anéantie sous son poids; et c'est dans le sein de cette stupeur, plus cruelle peut-être que l'agitation terrible qui l'a précédée, qu'elle va chercher de nouvelles forces, pour perdre encore dans les mêmes accès....

L'expression déchirante de son

2

désespoir navra de tristesse le cœur
de madame Dufeuil et de Derville.
— Celui-ci cependant , à qui l'expérience avait appris combien en toutes
circonstances les momens sont précieux , engagea sa maîtresse à n'en
pas perdre un seul pour voir le Ministre. — La manière dont elle ac-
cueillit sa prière , lui prouva de reste
qu'elle partageait ses soupçons sur
les causes réelles du malheur de
Valbrun. — Elle ne lui cacha point
qu'elle n'espérait rien d'une sem-
blable démarche.

Je le sais , lui répondit Derville
(qui avait ses motifs , ainsi que nous
l'avons exposé plus haut) , il est en
quelque sorte brouillé avec votre
mari ; mais pourquoi s'obstiner à lui
refuser la portion de bienveillance
dévolue par la nature à chaque indi-
vidu ? Il est ambitieux et vain , mais

son cœur est peut-être compatissant
et généreux : fût-il méchant, vindi-
catif, il pourrait encore avoir de bons
mouvemens qu'il faudrait mettre à
profit. Enfin, si le succès d'une solli-
citation de ce genre est assez hypo-
thétique pour en détourner une personne indifférente, d'un autre côté,
son importance doit déterminer un
ami à la tenter; et il faut, quoi qu'il
arrive, n'avoir rien à se reprocher.

Madame Dufeuil ne résista point
à ces raisons, et se disposa à se rendre
chez le Ministre. L'homme noir, qui
avait aussi appris l'arrestation du pré-
tendu peintre, et venait précisément
pour lui en faire part, croyant qu'elle
l'ignorait encore, s'offrit à l'accompagner; et, rempli d'intérêt pour
Valbrun, dont l'extérieur l'avait prévenu, se prépara à l'appuyer au besoin. La situation de Félix exigeait

3

de pressans secours : il avait des amis,
et se promit de les employer. Enfin,
malgré son extrême répugnance pour
toute espèce de sollicitations, il ne
voulut pas que madame Dufeuil sou-
tînt seule un choc qu'il pressentait
devoir être terrible.

Lorsqu'on les annonça chez le Ministre, il était en affaires : il fallut
faire anti-chambre. L'homme en place
consentit enfin à les recevoir. Il fronça
le sourcil en les appercevant ensemble, et devina sans peine le sujet de
leur visite. Une sorte de joie féroce
qui brillait dans ses yeux, et semblait
insulter à la douleur des supplians,
ne leur fit pas bien augurer de la réussite de leur démarche. — Madame
Dufeuil lui expliqua en peu de mots
l'objet de sa demande. Elle n'avait
point achevé, que, l'interrompant
froidement, il lui dit, d'un ton

monté au diapason des *ex - comités* révolutionnaires : *Il est émigré ; la loi est précise, je ne puis rien.*

Madame Dufeuil insistait ; il lui ferma la bouche avec ces mots consolans : *Toutes sollicitations sont inutiles : rien ne peut sauver un transfuge du juste courroux des loix.* Et comme l'homme noir lui objectait que Valbrun, n'étant point dans ce cas, pouvait réclamer une exception, il lui répliqua fort durement : Une exception ! Assez et trop long-temps on en a fait en faveur de ces coupables rebelles. Ils ont lassé la clémence nationale : un bon citoyen ne peut s'intéresser à eux sans faire des vœux contre sa patrie , qu'ils voudraient déchirer ; et en général , les solliciteurs d'affaires de cette nature doivent s'estimer fort heureux qu'un gouvernement humain et bienfaisant

accorde quelqu'indulgence à la hon-
teuse faiblesse qu'ils montrent, et
qui, à la longue, pourrait finir par
leur jouer un mauvais tour.

La déclaration était assez claire-
ment signifiée. Madame Dufeuil était
indignée, et l'homme noir peu surpris. — Ils prirent tous deux congé
de l'homme en place, qui alors *profondément* occupé à ranger quelques
papiers, ne parut pas s'appercevoir
de leur départ.

Derville, bientôt instruit de tous ces
détails, vit enfin ses idées confirmées.
Il remercia madame Dufeuil; et, dans
son cœur, rendit sincèrement justice
à son bon naturel. Il la laissa près
d'Emma, et trouva, en rentrant chez
lui, madame de Forban. La comtesse,
inquiète des bruits qui circulaient
déjà sur Valbrun, était venue s'assurer du degré de foi qu'elle devait

ajouter à cette fâcheuse nouvelle. —
Tout le monde, ainsi qu'elle, y prit
le plus grand intérêt; mais, comme
il arrive toujours, personne n'agit ;
on plaignit le pauvre détenu : il fut
pendant deux jours l'objet de toutes
les conversations; et, comme il arrive ordinairement, à la troisième
soirée on n'y pensait plus.

CHAPITRE VIII.

Nous enfourchons le Pégase de madame Anne Radcliff.

QUELLES avaient été les réflexions de Valbrun au milieu des gardes qui l'environnaient ? Arrêté dans le moment où il devait le moins s'y attendre, où le plus riant espoir le caressait de ses chimères, ce qu'il éprouva est impossible à décrire. — Son imagination, échauffée par la danse et la vue des plus jolies femmes de Paris, lui retraçait des plaisirs qu'il ne devait plus goûter. Son esprit, naguère agréablement occupé à bâtir dans l'avenir, se laissait abattre à la sinistre perspective, qu'outrait devant

lui cet événement aussi funeste qu'im-
prévu.

Son courage fut un instant prêt à
céder à ce passage subit du bonheur
à l'infortune, et sa position en devint
plus affreuse. Le silence morne qui suc-
cédait tout-à-coup aux élans de la joie
la plus brillante, ce vide affreux qui
remplaçait les divertissemens dont il
venait d'être le témoin, l'inquiétude
que lui inspirait l'absence d'Emma,
en augmentant la mélancolie des pensées qui l'accablaient, lui inspirèrent
une horreur, qui, pendant quelques
minutes, livra son ame aux angoisses
les plus cuisantes.

Cependant la pâle clarté de la lune,
dont les rayons scintillaient sur les
figures de ses gardes, en lui faisant
remarquer leurs regards farouches,
le tira de l'espèce de léthargie où il
était plongé..... Il cherchait à dis-

6

tinguer vers quel endroit on le conduisait, lorsque la faible lumière qui
guidait le fatal cortége, s'évanouit.
— L'attention de Valbrun redoubla,
. et il découvrit les tourelles du Temple.

La marche de la voiture se ralentit
dans cet instant, et lui permit de remarquer les avenues de sa prison. —
A l'aspect de ces murs noircis par la
main du temps, le tableau des nombreuses victimes qu'ils avaient si souvent renfermées, vint se représenter
à ses yeux. — Le souvenir des excès
d'une affreuse tyrannie, celui de la
férocité d'un peuple, qui, dans son
effervescence, se portait à d'épouvantables violences, lui inspira un
sentiment horrible et religieux tout-
à-la-fois. — Il tressaillit et se résigna.....

Conduit par un geolier dont la figure n'était guère propre à donner

une autre tournure à ses idées , il
parcourut, avant d'arriver à l'appartement qui lui était destiné , de nombreux détours, dont la profonde obscurité augmentait encore la sorte de
terreur qu'il s'étonnait de ressentir.
— Enfin , le bruit des verroux , le
sifflement des gonds, répétés de loin
en loin par les échos des voûtes , l'a-
vertirent qu'il était arrivé au terme
de sa course.

Cette fois , quoiqu'un pareil isole-
ment eût pu étouffer son courage ,
mettre en défaut sa philosophie, ce
ne fut pas en vain qu'il implora leurs
bienfaisans secours. — Il ne tarda
point à en éprouver l'influence ; et
s'il ne vit pas son état avec une tranquillité dont l'effort eût été impossible , il commença du moins à s'y ré-
signer.

Pauvre Valbrun ! que ne voyais-tu

les larmes que ton absence faisait
couler ! Ton sort t'eût paru moins
funeste..... Alors tes esprits rani-
més t'eussent permis sans doute de
considérer le tableau magnifique qui
s'offrait à ta vue. — Admirateur de
la nature, tu eusses passé des heures
entières à la contempler. — Tes croi-
sées t'offraient un spectacle qui ne te
serait point échappé : les campagnes
environnant la capitale, argentées
par la faible lueur de l'astre de la
nuit, et, de distance en distance,
obscurcies par les ombres d'un épais
nuage, étaient dignes en ce moment
du plus habile pinceau. — Mais ces
images ne vinrent point te soulager,
et ce fut à ton seul courage que tu
dus le repos dont tu jouis vers la
fin de cette longue nuit. Emma vint
embellir ton sommeil ; et, le lendemain, tu avais recouvré ta sé-
rénité.

Il ne fut point cette fois éveillé par le doux gazouillement des oiseaux. —Enfans de la liberté, ils semblaient fuir les alentours de cette forteresse vouée à l'esclavage ; leur instinct les éloignait de ce séjour affreux. Les gémissemens des malheureux captifs qu'il renfermait, ne pouvaient s'accorder avec leur ramage. — Effarouchés par les accens plaintifs des prisonniers, on eût dit qu'ils fuyaient l'aspect de ces lieux d'horreur. — Le sauvage hibou habitait seul le faîte ruiné des donjons, et son cri sinistre en chassait tous ceux qui auraient été tentés d'en approcher.

Le soleil non plus ne vint point réjouir sa paupière : la vue bienfaisante de ses rayons n'éclaira point son réveil. . . .

Le bruit que fit sa porte en s'ouvrant avait dissipé un songe enchan-

teur; et il maudit le malencontreux
guichetier qui venait troubler de si
douces illusions. — Il le questionna
cependant; mais, muet à toutes les
demandes, le sombre Argus opposa
à sa curiosité le silence le plus déses-
pérant. A cette conduite, Valbrun
eut bientôt conjecturé qu'il était au
secret. Ne voulant rien négliger pour
tâcher de se procurer des nouvelles
des personnes qui l'intéressaient, il
essaya si l'argument irrésistible aurait manqué sur son farouche gardien
son effet, presque toujours infaillible.
Un double louis qu'il lui présenta lui
rendit la parole, mais lui ravit en
même temps tout espoir de communiquer au-dehors. Les ordres étaient
rigoureux, les défenses sévères. —
Il ne perdit cependant pas totalement
le fruit de ses avances; et un second
louis lui procura pour la journée une
nourriture plus saine et plus nourris-

sante que le pain noir et l'eau bour-
beuse qu'on lui avait apportés.

Quel beau champ se présenterait
ici à d'amères réflexions, sur la manière dont sont traités les prisonniers!... Nous nous en abstiendrons :
contentons-nous seulement d'observer que Valbrun, sans sa bourse, se
fût vu réduit à un régime beaucoup
plus que sobre. — Nous nous en con-
vaincrons quand elle sera épuisée.

Au commencement de l'hiver,
dans une salle extrêmement vaste,
et sans meubles, on pense bien que
l'amant d'Emma, en habit de bal,
ne devait pas être fort à son aise,
et que le feu de son imagination ne
pouvait échauffer ses membres en-
gourdis.

Depuis quatre jours en proie au plus
désolant abandon, privé d'espoir et

de consolation, notre jeune infortuné avait passé des heures bien pénibles dans des réflexions dont le résultat lui faisait pourtant quelquefois entrevoir un sort moins funeste.... Ce fut dans un de ces momens, où son ame fatiguée s'ouvrait complaisamment à une secrète espérance, qu'on vint le chercher pour le traduire devant la commission militaire, qui devait prononcer sur son sort....

Jusques-là, un faible rayon avait lui dans son cœur. — Il s'était flatté que les démarches de Derville (car il connaissait trop bien son ami pour n'être pas assuré de son zèle) auraient réussi à reculer l'époque de ce fatal jugement, et que peut-être les circonstances tournant en sa faveur, l'auraient rendu à la liberté...... Quel est le malheureux dont l'ame navrée ne se berce pas continuellement d'illusions! Ce don précieux resté dans la boîte de Pandore , est le plus beau présent que la nature ait fait à l'humanité souffrante.

Valbrun s'était abandonné à sa trompeuse, mais consolante influence. . . . . Mais alors , nulle puissance ne pouvait éloigner le danger pressant qui menaçait sa tête. — La conviction intime de son innocence ne put l'aveugler sur le jugement qu'il allait subir ; et il marcha au tribunal avec la ferme assurance de n'en revenir que muni du sanglant arrêt de mort qui lui était réservé d'avance.

CHAPITRE IX.

Le Conseil de guerre.

IL était dix heures lorsqu'il se mit
en route. Ses yeux cherchaient vainement pendant le trajet quelqu'ami
à qui il pût demander des nouvelles
d'Emma, lorsqu'il apperçut Durfort
passant assez précipitamment dans
la foule. — Il voulut l'appeler, n'ima-
ginant pas qu'un homme, son sem-
blable, lui refusât dans ces cruels
momens une aussi faible consolation;
et déjà il élevait la voix, quand celui-ci (ô comble de la lâcheté),
l'exhortant par un geste expressif à
paraître l'ignorer, s'enfuit par une
rue détournée, en donnant les plus
grandes marques de crainte.

Quoique Valbrun eût déjà appris à connaître les hommes, cette dernière épreuve, dans ce moment terrible, porta le dernier coup à sa douleur. Ce n'était pas la mort qu'il craignait : jamais un sentiment aussi lâche n'avait trouvé accès dans le cœur de l'amant d'Emma. Mais quitter sa maîtresse lorsqu'il croyait toucher au bonheur de partager avec elle son existence et sa fortune ; se séparer d'un ami cher, le compagnon de son enfance ; renoncer avec la vie aux douces illusions qui l'embellissent ; voir s'évanouir comme un vain songe ces douces illusions sur la foi perfide desquelles il s'était endormi dans une parfaite sécurité ! — Quelle ame sensible est au-dessus de tels regrets ! Quelle philosophie pourrait en adoucir l'amertume !

Il approchait de ce tribunal de

circonstances, alors complaisant organe des volontés arbitraires d'un pouvoir tyrannique. Le sentiment de son innocence se peignit à ses yeux dans toute sa pureté. Il n'eut pas même besoin de résumer ses forces, et se présenta devant ses juges, non comme un criminel devant la loi, non comme une victime devant ses bourreaux, mais avec la noble assurance d'une ame énergique qui ne se reproche rien.

Après un interrogatoire assez long, autant remarquable par la divagance des questions que par la fermeté décente et courageuse des réponses, on produisit des témoins qui affirmèrent sous serment, avoir rencontré en Allemagne le prévenu sous son véritable nom de vicomte de Valbrun, émigré Français.

O honte de l'humanité !!! — Il

fixa ses accusateurs , et reconnut parmi eux deux réfugiés qui n'avaient pas rougi de préférer le vil métier de délateurs à gages, aux malheurs d'un exil , qui , du moins , n'avait rien de déshonorant.

L'excès de son indignation faillit lui couper la parole ; mais , rassemblant toutes ses facultés , il improvisa une défense éloquente.—Après s'être offert à prouver, qu'ayant commencé ses voyages avant la révolution , il ne pouvait , sans injustice , être compris dans les loix sur l'émigration ; que , s'étant trouvé en Russie lors du décret qui enjoignait à tous les Français absens de rentrer dans leur patrie , une maladie très-longue l'avait retenu à Riga jusque bien après l'époque fixée ; qu'enfin, depuis lors , loin d'avoir porté les armes contre son pays , le plus cher de ses vœux avait toujours été d'y revenir, projet que différentes circonstances l'avaient empêché d'effectuer aussi-tôt qu'il l'aurait desiré; il conclut à ce que le tribunal militaire lui accordât un sursis pendant lequel on pût consulter les autorités supérieures, et se procurer les preuves matérielles dont il venait d'exposer l'énoncé.

L'ordre et la clarté de son discours, la candeur de ses assertions, le calme en quelque sorte imposant de son débit, surprirent le conseil de guerre. — Il balança un moment; et peut-être allait-il faire droit à la demande du malheureux prévenu, quand un hussard d'ordonnance apporta une lettre au président, qui la mit dans sa poche, après l'avoir lue.

Son air sinistre ne présageait rien de bon. Il se résuma pendant quelques instans, et parla ainsi à l'accusé :

Cessez de faire reposer votre défense sur les motifs que vous venez de déduire. — Elle se réduira à un seul point ; et ce point essentiel, il va être éclairci sur-le-champ.

Et se tournant vers un huissier : que l'on apporte là *liste des émigrés*.

L'énorme in-folio arrivé, il le feuilleta ; et montrant à Valbrun son inscription :

Théodore-César-Félix, vicomte de VALBRUN. — Reconnaissez-vous ces noms ?

VALBRUN.

Ce sont les miens.

LE PRÉSIDENT.

Greffier, avez-vous écrit ? — Le tribunal, chargé par la loi de punir de coupables transfuges, inflexible

III.   G

comme elle, n'a point le droit de juger sur l'intention. — Vous êtes émigré..... Vous-même en êtes convenu....

VALBRUN.

Moi! jamais.....

LE PRÉSIDENT.

Il suffit : la commission est suffisamment instruite.

VALBRUN.

Je proteste.....

LE PRÉSIDENT.

C'est en vain : la loi est précise. — A nous appartient la noble et pénible fonction de l'appliquer; mais non le pouvoir de la modifier ni de l'affaiblir. En retarder l'exécution, ce serait produire l'un ou l'autre effet.

Le ton d'assurance et d'intention
marquée qui régnait dans ce discours, éclaira Valbrun sur l'intégrité
de ses juges. — Il vit que sa perte
était jurée, et ne répondit rien.

Le président alla aux voix, et pro-
nonça le redoutable arrêt :

« Le Conseil de guerre, assemblé
» en vertu de la loi du...... après
» avoir entendu la défense du nommé
» Théodore-César-Félix, se faisant
» appeler vicomte de Valbrun, pré-
» venu d'émigration ; l'identité ayant
» été reconnue, ouï le capitaine rap-
» porteur, déclare le susdit Valbrun
» convaincu de ce crime, et le con-
» damne à la peine de mort ».

Dans cet instant, un cri perçant
qui venait de la barre, retentit jusqu'au fond du cœur de Valbrun, et
frappa d'étonnement tous les assis-

tans. Une légère rumeur s'éleva dans l'audience ; le président la fit cesser, et continua à lire....

« Le présent jugement sera exé-
» cuté dans les vingt-quatre heures ».

Le condamné entendit sans sour-
ciller la lecture de cet acte inique, qui l'arrachait à ce qu'il avait de plus cher.......

O mon Emma, allait-il s'écrier !...
Mais il étouffa cette exclamation.

Les mêmes soldats qui l'avaient amené, vinrent le reprendre, et le pressant dans leurs rangs, l'escortè-
rent hors de la salle. — Il apperçut l'homme noir parmi les spectateurs. Il se rappela Durfort, et réprima un mouvement qu'il allait faire pour l'appeler. Mais le vertueux misanthrope, s'approchant de la double haie, lui

dit d'un ton plus ferme que consolant, il est vrai : *du courage.* — Il serait impossible de peindre l'effet que ce mot produisit sur Valbrun. — Il n'était donc pas seul dans la nature ; car il venait d'entendre un homme lui parler ! — Il est des choses qui se sentent, mais qui ne s'expriment pas. La sensation qu'il éprouva est indéfinissable. — L'homme noir et lui s'étaient arrêtés par un mouvement simultané.

Camarades, dit Valbrun aux grenadiers de son escorte, au nom de l'humanité, au nom de l'honneur qui vous est cher, accordez à celui qui fut autrefois votre compagnon d'armes, la douceur de dire un dernier adieu à cette personne compatissante et généreuse.

La douleur des ames fortes a quelque chose d'imposant et de noble ;

3

que les guerriers, plus que les autres, sont faits pour sentir et pour apprécier. Le peloton s'arrêta spontanément; l'homme noir perça les rangs.

Prenez, lui dit Valbrun, cette montre et cette bague de cheveux; portez-les à mon ami. Le premier de ces deux bijoux lui est destiné. — Il devinera sans peine l'usage qu'il doit faire du second. — Pour vous, monsieur, ajouta-t-il en détachant l'épingle de prix qui fermait sa chemise, acceptez ce petit diamant, et portez-le pour l'amour d'un infortuné qui vous a dû les dernières sensations de bonheur dont il pût jamais jouir.

Ensuite se tournant vers les grenadiers :

Sans doute l'on me conduit au lieu de mon supplice, et puisque, continua-t-il en souriant, j'en suis à mon testament, ne me refusez pas de partager le peu qui reste dans cette bourse. — La gloire qui illustre vos armes n'en sera pas ternie.

Je suis content de vous , dit l'homme noir en lui serrant fortement la main. Adieu... Adieu....

Et il s'éloigna, ayant peine à contenir son émotion.

Le peloton reprit sa marche. On fit remonter Valbrun en voiture ; et il s'apperçut bientôt , au chemin qu'on lui faisait suivre , qu'il retournait au Temple , et que probablement son exécution était différée jusqu'au lendemain matin.

CHAPITRE X,

Traduit de l'anglais.

RENTRÉ dans sa chambre, livré seul à l'horreur de ses réflexions, la fierté de la vertu courageuse et opprimée fit place petit-à-petit aux déchirantes sensations de l'amour et de l'amitié trahis dans leurs plus chères espérances. — L'échaffaudage d'impassibilité qui l'avait soutenu devant le tribunal, s'affaissa ; la nature reprit ses droits, et Valbrun ne put retenir un frémissement involontaire, en voulant mesurer d'un coup d'œil, l'espace de dix-huit heures, qui séparait son existence du néant.

Cet instinct, qui répugne à notre

destruction, éleva sa voix puissante ;
et malgré sa fermeté stoïque, Valbrun en fut réduit à s'avouer, qu'il
n'eût pas été fâché d'avoir obtenu
du Conseil de guerre le sursis qu'il
lui avait demandé.

Les ressorts qui avaient soutenu
son ame au degré d'exaltation né-
cessaire pour lui faire braver de
sang-froid une fin prochaine, fati-
gués d'une trop grande tension, se
relâchèrent presque tous en même
temps, et le firent tomber dans une
sorte de stupeur.

Eh quoi ! s'écriait Valbrun, in-
digné contre lui-même ; j'avais du
courage pour courir à la mort, et je
n'en ai pas pour l'attendre !

Une visite que l'on vint faire dans
sa chambre interrompit ces exclama-
tions. Elle avait pour but d'enlever

.5

toute espèce d'armes ou d'instrumens tranchans qui auraient pu s'y trouver.

A dix heures, le guichetier parut.

Vous ne demandez rien, dit-il d'une voix rauque ?

Valbrun se souvint qu'il avait donné sa bourse à ses gardes, et ne répondit pas.

Eh ben ! vous v'là ben triste ! voulez-vous que je vous apportions queuqu'chose ?

Un petit pain et une demi - bouteille de vin.

Voyons..... donnez. (Et il tendait la main.)

Je n'ai plus d'argent.

Oh ! en ce cas, c'est différent... — V'là vot' pitance.

(Il mit sur la table la cruche d'eau et le morceau de pain noir.)

Bonne nuit.

Valbrun, débarrassé de cet importun, sentit quelle imprudence il avait faite de se dégarnir de sa bourse.... Il mangea un peu, et retomba dans ses réflexions. — Il pensait à Derville. Un moment il avait espéré que cet ami fidèle aurait trouvé les moyens, sinon de le sauver, du moins de lui administrer quelques consolations.... Mais alors, tout était perdu pour lui !

Entrerons-nous dans des détails plus circonstanciés sur cette longue agonie ? — Fatiguerons-nous davantage le lecteur du tableau déchirant des angoisses d'un infortuné, qui n'a pour perspective que l'échafaud, pour toute espérance, que la mort ?

6

— Non ; assez et trop long-temps ces idées affreuses de proscription , de sang et de bourreaux , ont pesé sur nos ames , que tyrannisait la crainte. Ecartons ces images horribles , dont le souvenir seul est un tourment ; hâtons - nous de donner le dernier coup de pinceau à l'effrayant spectacle d'un condamné qui consume en regrets impuissans les restes d'une vie qui ne lui appartient déjà plus.

Valbrun , sentant qu'il n'était plus de moyens de se soustraire à sa sentence , se prépara à la subir avec la même fermeté qu'il avait mise à l'écouter. — Il éleva son ame vers l'Être éternel , principe de toutes choses , et lui rendit l'hommage , sans doute le plus agréable à ses yeux , celui d'une conscience pure et d'un cœur courageux.

Il était minuit. — Sa lampe , prête

à s'éteindre, ne répandait plus qu'une
faible clarté..... Un silence religieux régnait dans toutes les parties
de la prison.... Valbrun s'était re-
cueilli; ses pensées avaient repris leur
teinte vigoureuse, son attitude toute
sa fierté. — Il se trouva plus tranquille, se coucha tout habillé; et le
sommeil, ce bien précieux, fils de
l'innocence et de la santé, vint fer-
mer sa paupière.

Il dormit plutôt qu'il ne reposa. —
Tout-à-coup, il est réveillé en sur-
saut.... Le bruit d'une lime!... Il
court aux barreaux.... Hélas! abusé
par un songe trompeur, ce bruit n'a-
vait existé que dans son imagination.
— Le cri des oiseaux de nuit se faisait seul entendre. ...

Cependant, l'amour de la liberté est
si grand! — Le captif se cramponne

aux grilles épaisses de sa fenêtre....
Il regarde dans la cour.... — Personne. — Quelqu'affreuse que fût sa
situation avant ce moment, elle n'approchait pas encore du supplice que
lui fit éprouver ce faible espoir trom-
pé.—Un accès de rage s'empara de ses
sens. Dans sa fureur, il cassa sa table,
et en rassembla les débris, bien dé-
terminé à les faire servir à sa défense,
et du moins à vendre chèrement sa
vie.

Cette effervescence commençait à
se calmer un peu, lorsqu'il entend des
pas retentir dans la longue galerie
qui aboutit à sa chambre. — Cette
fois, ce n'est point une illusion....
Derville! s'écria-t-il machinalement.
— Mais le bruit approche ! Ce sont
des gens armés. ... Nul doute qu'on
ne vienne le chercher. Mais il est
nuit; l'horloge vient de frapper deux

coups; le soleil ne se lèvera que dans cinq heures.... Aurait-on avancé son trépas ?

Son esprit flottait entre ces différentes conjectures, lorsque sa porte, en criant sur ses gonds, l'avertit de l'arrivée des soldats. . . .

A la lueur d'une torche que porte un guichetier, il voit paraître un détachement de gendarmes, à la tête desquels est un officier-général.—Incertain sur le parti qu'il doit prendre, il attend qu'on lui ait expliqué le sujet de cette visite nocturne... Mais à peine sont-ils entrés, que, se précipitant tous à-la-fois sur lui, ils lui enlèvent en même temps tout moyen de résistance et tout espoir de salut.

Il lance cependant un des débris de la table; mais il n'atteint que le guichetier, qui, frappé à la tête, tombe sans connaissance. Le général exhorte Valbrun à la douceur, et commande aux gendarmes de l'emmener. — Arrivés à la porte du Temple, il laisse au geolier, pour sa décharge, l'ordre de sortie, et signe sur son registre.... Une voiture de place est là ; l'officier-général s'y assied à côté de Valbrun; son aide-de-camp et les gendarmes montent à cheval, et l'on part au grand trot.

Jamais criminel n'a été conduit aussi lestement à la mort, réfléchissait Valbrun. — Puis-je savoir, monsieur, où l'on me mène ainsi ?

Il m'est impossible de vous répondre.

L'idée d'une prison perpétuelle se présenta à son imagination échauffée.

— Il se tut, et résolut d'attendre patiemment.

Le fiacre fut arrêté au corps-de-garde de cavalerie près de la Magdeleine; un des gendarmes montra un papier, et on laissa passer. — Valbrun, attentif à tout, avait principalement remarqué le jeune aide-de-camp, qui, de temps en temps, s'approchait de la portière, et jetait un œil inquiet dans la voiture. — Elle suivait alors la rue du fauxbourg Saint-Honoré. — Tout-à-coup, elle tourne à droite, et traversant ventre à terre les hauteurs de Miromesnil, va, par ce chemin qui environne les fauxbourgs, regagner la barrière St.-Martin. On suit à toute bride alors la route de Bondy, jusques dans la forêt, où l'on s'arrêta. Valbrun crut pour le coup que son heure était arrivée. Il s'étonnait de ce qu'on ne lui disait pas de descendre ; mais sa surprise augmenta bien davantage, en s'appercevant qu'au lieu de deux chevaux, on en avait attelé quatre, qui partirent au grand galop sur la route de Bourgogne.

'A Villeneuve - Saint - Georges, autre relai. Il remarqua que l'escorte était réduite à deux hommes, non compris le jeune aide-de-camp. Le jour n'avait point encore paru lorsqu'il passa à Melun, où de nouveaux relais furent attelés.... Là, il chercha en vain des yeux l'aide-de-camp, et se hasarda à demander s'il était retourné.

'Oui, répondit l'officier en souriant. — Mais vous avez sans doute froid ; si vous preniez ce manteau....

Volontiers, dit Valbrun. — Ne pourriez-vous m'apprendre ?...

Impossible.

Valbrun se tut.

Voudriez - vous manger quelque chose ? — Une aile de volaille froide ?

Avec plaisir.

Un verre de vin ?

Deux même.

Comment le trouvez - vous ?

Délicieux ! Mais, encore une fois, comment se fait - il, généreux inconnu. . . . .

(Du silence.)

Le vin était en effet exquis ; et Valbrun, après avoir assez passablement déjeûné, pour un condamné, sentit, avec ses forces, la douce espérance renaître au fond de son cœur.

En mettant la tête à la portière ,
pour examiner un site assez pitto-
resque , il apperçut derrière la voiture une chaise de poste , dans laquelle se trouvait une femme seule.
Son voile l'empêcha de distinguer
ses traits. Il n'y fit pas grande attention dans le moment. — Le soir, il
la revit encore ; et il en fut d'autant
plus étonné , que , pendant toute la
journée , le général avait fait courir
d'une manière à crever tous les chevaux. — Il n'osa cependant pas lui
demander l'explication de ce mystère.

A la nuit close, celui-ci lui proposa
de changer de vêtemens, alléguant
l'incommodité de ceux qu'il portait,
et l'engagea à revêtir, dans la voiture même, le linge et les habits
qu'il lui offrit. — Valbrun, qui ne
s'était pas déshabillé depuis cinq

jours, fut enchanté de cette pré-
venance ; et après avoir réfléchi tout
à son aise sur la singularité de cette
aventure, s'endormit profondément
deux heures avant le jour.

A son réveil, la petite caravane
était arrêtée dans une ville.

Mais, ne peut-on pas le voir,
ce colonel, demandaient plusieurs
voix ?

Citoyens, répondait le général,
je vous ai déjà dit qu'il dormait....
(*Et se retournant.*) Ah ! vous êtes
réveillé : souvenez-vous que vous
êtes le colonel Trumkorff, renvoyé
sur parole ; ne parlez qu'allemand.

VALBRUN.

Mais, quel est cet enfant endormi ?

LE GÉNÉRAL.

Chut ! vous le saurez....

UNE VOIX.

Il faut au moins constater l'identité : qu'on ouvre la portière.....

UNE AUTRE VOIX.

Oui, qu'on ouvre, c'est bien dit;
que je constate...... Qu'on ouvre
donc.....

LE GÉNÉRAL.

Voyez, assurez-vous par vous-
même.....

LA SECONDE VOIX.

Oui, c'est cela; yeux noirs, sour-
cils marqués, menton rond, nez bien
fait...., Et ce jeune homme ?

LE GÉNÉRAL.

Mon domestique.

LA PREMIÈRE VOIX.

Il faut l'interroger....

LE GÉNÉRAL.

Cela est parfaitement inutile ; je réponds de lui.

LA SECONDE VOIX.

Le citoyen général a raison : ne l'interrogeons pas. — Monsieur le colonel peut passer.... Nous lui demandons bien des pardons ; mais il doit sentir....

LE GÉNÉRAL.

Certainement......... Postillons , marche......

Et la voiture de partir au grand
trot. Si Valbrun fut étonné de s'entendre appeler monsieur le colonel,
il le fut bien autant de se voir mé-
tamorphosé en officier Autrichien.

En changeant de toilette, pendant la nuit précédente, la culotte
de soie noire avait fait place à la
culotte de peau, et les bas de soie
blancs à de larges bottes à l'écuyère.
Un frac blanc à boutons jaunes, une
écharpe noire, un sabre à la hous-
sarde, des pistolets turcs à côté de
lui....

Mais quel est cet enfant endormi,
demanda-t-il encore?

Mon courier, qui, peu accoutumé
à la fatigue, n'a pu soutenir une
route aussi pénible.

Maintenant, puis-je savoir où vous
me conduisez?

A Neufchâtel, sur les terres de Prusse, où nous serons avant minuit.

Général ! que d'obligations !

Vous ne m'en devez aucune.

A qui donc ?

Vous le saurez plus tard.

Le courier dormait toujours : un mouchoir des Indes, qui lui couvrait la tête et les deux tiers du visage, empêchait qu'on ne distinguât bien sa figure.

Enfin, vers dix heures du soir, on arrive à Neufchâtel, où un appartement était retenu chez des bourgeois aisés. — Valbrun, qui avait fait 120 lieues en 44 heures, fut fort aise de se voir en sûreté ; et remettant au lendemain matin à

III.   H

écrire à Derville, se coucha dans un
lit excellent , où il trouva le repos
qui l'avait fui depuis six jours.

Le général l'avait prévenu que la
dame chez laquelle il se trouvait ne
faisait pas métier de louer des appartemens garnis. — Il s'en souvint
à son réveil, et demanda au domestique , qui vint allumer son feu , si
la maîtresse de la maison serait bientôt visible.

Madame de Bersteim m'envoie précisément , Monsieur, pour vous in-
viter à déjeûner avec elle.

J'y cours.

Il s'habilla à la hâte , et se rendit
à l'appartement qu'on lui indiqua.

Une femme, coiffée à l'allemande,

était debout près de la cheminée, et tournait le dos à la porte.

Si c'est-là mon hôtesse, pensa Valbrun, par l'effet d'une réflexion prompte comme l'éclair, elle a, ma foi, une charmante tournure; et pour peu que le reste y réponde, je pourrai bien m'ennuyer moins....

Au bruit qu'il fit en entrant, elle tourna la tête; il resta un moment immobile de surprise, et la salua presque machinalement. Elle lui rendit son salut avec beaucoup de dignité....— Il s'approcha....

O ciel! s'écria-t-il; est-il possible! mes yeux ne me trompaient donc point..... Fanny!

Il ne put achever; Fanny s'était jetée dans ses bras.

2

Tu es sauvé, disait-elle, je n'ai plus rien à desirer....

Comment ! et ce général ?...

Est un homme de confiance de monsieur Derville.....

Mais l'ordre qu'il a laissé au Temple.....

Était supposé....

Qui l'avait donc surpris?...

C'était moi.

Tu étais donc dans le secret?...

Un peu....

Mais ce cri déchirant que j'avais cru reconnaître, à la commission.... ce n'était pas....

C'était moi.

Et cet aide-de-camp si attentif?

C'était moi.

Et cette jolie femme en chaise de poste.....

C'était moi....

Et ce pauvre petit courier si fatigué?...

Encore moi, toujours moi! — La chaise venait de casser, il fallut que le général me reçût dans sa voiture, et pour te ménager une surprise plus complète, et aussi couper court aux questions que tu n'aurais pas manqué de faire....

Charmante Fanny! femme adorable!

3

Oh ! mon cher Valbrun !...

Les deux jeunes gens déjeûnèrent-
ils tout de suite ? — A dire le vrai,
nous n'en croyons rien ; mais, quand
ils se mirent à table, ce fut avec un
appétit.... dévorant !

CHAPITRE XI.

Le dessous des cartes.

VOILA monsieur de Valbrun sauvé ;
le voilà en sûreté en pays étranger,
attendant assez impatiemment ,
quoiqu'auprès de la singulière Fanny, des nouvelles de son Emma ,
pour laquelle il craignait , avec raison , l'effet de la première frayeur ;
et de Derville , aux soins duquel il ne
pouvait douter qu'il ne dût sa délivrance presque miraculeuse.

Il venait de déjeûner avec Fanny ;
et la première effusion de reconnoissance passée , le souvenir de la scène

4

qui avait eu lieu rue Culture-Sainte-
Catherine, vint le tourmenter. Sa
libératrice s'apperçut bientôt qu'il
était travaillé par un sentiment dou-
loureux. Elle voulut savoir la cause
de cette gêne ; mais Valbrun, trop
délicat pour énoncer des soupçons,
dont le doute seul était pénible, ou-
trageant, même, les renferma dans
son cœur. — La réserve de la jeune
femme, sa rougeur, lorsqu'il tou-
chait quelque sujet qui pouvait amener une explication, le confirmèrent
dans ses idées.

Au fond, Valbrun n'en fut pas
fâché. Il connaissait assez le cœur
humain pour se défier du sien propre, et pour commencer à craindre
que Fanny ne devînt dangereuse. —
Il avait beaucoup d'affection pour
elle ; mais résolut fermement de contenir dans les bornes de la simple re-

connaissance, sinon toutes ses ac-
tions, du moins tous ses sentimens.

Peut-être est-on déjà avancé dans
le péril, lorsqu'on raisonne ainsi le
danger! S'appercevoir qu'il est pressant, est presque un aveu tacite de
foiblesse. Un ennemi qui se défie de
ses forces et transige avec son devoir,
est souvent à moitié battu ; et,
comme l'a fort bien dit un homme
de beaucoup d'esprit, on a déjà le
mal de la peur quand on a la peur du
mal.

Quoi qu'il en fût, Fanny, trop im-
pétueuse pour observer, mais trop
tendre pour ne pas craindre, Fanny
ne vit que l'extérieur de la gêne de
Valbrun, et l'attribua, partie à l'absence de son ami, partie aux inquiétudes inséparables d'une situation
comme la sienne.

5

Elle respecta sa douleur, et chercha à l'en distraire par tous les
moyens que l'éducation la plus soi-
gnée la mettait à même d'employer.
— Valbrun fut sensible à ces attentions délicates ; mais il ne recevait
de nouvelles ni de Derville, ni d'Emma. — Il avait perdu tout espoir de
rentrer dans sa patrie et dans ses
biens. A la contrainte de sa position
à l'égard de Fanny, à l'amertume
de ses regrets, se mêlait une incer-
titude affreuse, le pire de tous les
maux. Valbrun n'était pas heureux,
et Fanny ne s'en étonnait pas. — Ils
passèrent ainsi sept ou huit jours à
causer, à faire de la musique, à par-
courir ensemble, malgré que la sai-
son fût déjà avancée, les sites pit-
toresques des environs de Neufchâtel.

Le colonel Trunkorff avait encore

changé de nom, pour prendre celui du chevalier d'Alberg, officier au service de Saxe, beau-frère de madame de Bosteim. — Il avait reçu, à cette adresse, sur un des négocians de Neufchâtel, une traite de mille écus, passée à son ordre par un banquier de Paris, et qui lui étoit parvenue sous enveloppe sans lettre d'envoi. Il avait seulement cru reconnaître l'écriture de Derville, déguisée.....

Mais n'y a-t-il point assez long-temps que monsieur de Valbrun nous occupe? — Il est en sûreté : que faut-il de plus?..... Au lieu de bavarder ainsi d'une manière insignifiante ; au lieu de nous amuser à rendre compte des sentimens secrets de nos héros quand le sentiment n'est plus à la mode, pourquoi ne pas reprendre les choses de plus haut, et montrer enfin le dessous des cartes, fastueuse-

6

ment annoncé en tête de ce chapitre?
— En vérité, c'est une tâche bien
rude, de faire ainsi marcher de front
trois ou quatre intérêts différens!

Derville, en engageant madame
Dufeuil à tenter une démarche près
du Ministre, n'avait nullement compté sur son succès. Il avait une trop
grande habitude du monde, il connaissait trop bien les hommes pour
n'avoir pas prévu la réponse de l'Ex-
cellence. — Mais son but avait été
de détourner, par d'ostensibles sollicitations, tout soupçon des manœu-
vres secrettes qu'il voulait mettre en
usage.

Le peu de mots échappés à l'homme
en place, le souris amer qui s'était
montré sur ses lèvres lors de la visite
de madame Dufeuil, tous les détails
de cette entrevue, qu'il avait appris

par l'homme noir, observateur pro-
fond et judicieux, l'avaient convaincu de la part très-active que le ministre avait dans l'arrestation de Valbrun.

Sans doute, sa mise en jugement
aurait suivi de très-près. Il n'y avait
point de temps à perdre ; et il s'oc-
cupa sur le champ, sans en faire
part à madame Dufeuil, dont il connaissait l'indiscrétion , ni à Emma,
qui n'était point en état de l'entendre , des moyens de sauver son ami.

Plusieurs expédiens se présentè-
rent à son esprit. — Corrompra-t-il
les juges ? — Ce parti est dangereux :
il éveille le soupçon , excite la surveillance , est le plus cher et le moins
sûr. D'ailleurs, si une autorité supérieure veut la mort de son ami, il
sera impossible aux membres du

Conseil de guerre, malgré leur bonne
volonté, de le tirer d'affaire.

Cherchera-t-il à retarder la com-
parution du prévenu devant le tribunal, dans l'espérance qu'un change-
ment, qui, vu la position des choses,
ne peut être éloigné, amènera une
révolution favorable ? — Mais c'est
donner trop au hasard, et quand il
s'agit sur-tout de la vie d'un homme,
d'un innocent, d'un ami !

Enfin, essayera-t-il de faire com-
muer la peine capitale en celle de la
déportation ? Cette idée lui paraissait la moins inexécutable; elle était
cependant loin de le satisfaire. — Il
fallait encore courir la chance d'un
enlèvement sur la route de Roche-
fort. L'expédition n'aurait pu avoir
lieu qu'à main armée; et d'un intérêt

particulier, faisait de suite un crime d'Etat.

Son génie inventif, tant de fois exercé dans des aventures où le plaisir avait presque toujours surpassé le danger, s'indignait d'être stérile dans une occasion si pressante..... À tout hasard, il ordonna qu'on empêchât Dupré de repartir pour la Normandie sans lui avoir parlé.

Ce Dupré avait été long-temps son valet-de-chambre ; et il avait fini, pour récompenser ses services, par le marier dans une de ses terres, de laquelle il l'avait établi concierge. Fin matois, rusé comme un Bas-Normand, vif comme un Gascon, courageux comme un Français, il s'était formé à l'école d'un maître qui avait mis plus d'une fois ses brillantes qualités à l'épreuve. — Sûr de son dévouement autant que de son adresse, Derville le faisait rester, dans l'espérance qu'il aurait pu le servir utilement.

Déjà quatre heures s'étaient écoulées dans une ingrate indécision, lorsqu'on vint l'avertir qu'une femme très-bien mise voulait absolument lui parler.....

Je n'y suis pour personne.

C'est ce que le portier a dit ; mais elle s'est obstinée à entrer.....

Est-elle jolie ?

Oh ! très-jolie !

C'est égal. — Je n'y suis pour personne.

Elle dit qu'elle a le plus grand besoin de parler à Monsieur.

Qu'elle se donne, en ce cas, la peine de repasser demain......Ou plutôt, qu'elle laisse son adresse; j'aurai l'honneur de l'aller voir.

Le laquais sortit et revint presque aussi-tôt après.

Hé bien ?

Dès qu'elle a su que Monsieur était ici, elle n'a voulu rien écouter, et est montée en disant que demain, peut-être, il serait trop tard.....Elle est dans le petit salon.....

Derville, étonné, s'y rendit..... La dame était dans une bergère; les sanglots lui ôtaient la parole. — A ses accens entrecoupés, au voile de dentelle qui lui couvrait la tête, et qu'il croit reconnaître......sa sur-prise est au comble. Fanny, d'une voix altérée par la douleur, lui apprend que, malgré la manière indigne et non méritée (*non méritée !* ah ! monsieur Derville ! vous avez joué d'un tour à votre ami !) dont il l'a traitée l'avant-veille en présence de Valbrun, elle vient lui proposer d'unir ses efforts aux siens pour le sauver.

Durfort m'a appris ce matin l'arrestation du vicomte, qu'il ne connaissait que sous le nom de Félix. — A ce coup fatal, inattendu, toutes mes facultés faillirent m'abandonner. — Mais l'excès même de ma douleur me donna du courage . . . . . J'ai conçu un dessein hardi. . . . . . . Mais je ne puis l'exécuter sans vous. . . . . .

Lequel ? reprit vivement Derville ?

De l'enlever du Temple, en vertu d'un ordre supposé.

J'y avais déjà pensé ; mais les difficultés de l'entreprise......

Sont plus effrayantes que réelles...

Comment d'ailleurs se procurer l'ordre ?

Je l'ai déjà.

O ciel! par quel bonheur !

Je ne veux rien vous cacher..... Rien...... Vous me méprisez déjà si fort, qu'il serait difficile.....

De grace, au fait.

Un secrétaire intime du Ministre de la police est amoureux de moi; je l'ai vu ce matin; ces deux papiers, signés et scellés du cachet redouté....

Voyons. — Mais ils n'ont en rien trait à Valbrun.

Ecoutez jusqu'au bout : par un procédé connu , on peut faire disparaître l'encre , en conservant les signatures et le cachet; ensuite les remplir à son gré......

Vous éclaircissez mes idées....

Alors, vous comprenez qu'en se présentant au Temple à la tête d'une nombreuse escorte, on ne fait pas de difficulté de remettre le prisonnier. — Une fois sorti, une voiture sera là, des relais seront disposés ; une retraite préparée....... Mon courage et votre or feront le reste.

Oui , mons. Dupré déguisé en général...... — Attendez ; le colonel Trunkorff , prisonnier de guerre, de l'âge de Valbrun, et que j'ai beaucoup connu , devait incessamment s'en retourner sur sa parole. — L'a-

vis est déjà donné sur la route; Valbrun parle l'allemand comme le français. — Le colonel, retenu à Paris
par une indisposition assez grave, ne
pourra partir de si-tôt.....

Eh bien ! du vicomte de Valbrun
vous aviez fait le peintre Félix ; du
peintre Félix je fais le colonel Trunkorff. — Je me procure un double du
passe-port de celui-ci, pendant que
vous faites tout préparer sur la
route.....

Où le conduirons-nous?

A Neufchâtel, terres de Prusse,
chez moi.

Croyez - vous qu'il respecte son
asyle?

Toujours de la plaisanterie ! Je

serai l'aide-de-camp de votre valet-
de-chambre ; ensuite, alternative-
ment, voyageuse, je suivrai la voiture en chaise-de-poste, et jockey,
je la devancerai à cheval.....

On voit comment tout s'était ar-
rangé. Les quatre jours qui avaient
précédé le jugement de Valbrun,
avaient été employés aux immenses
préparatifs de cette grande entreprise. Tout était prêt, lorsqu'on
fit passer le prévenu au conseil de
guerre quarante-huit heures plutôt
qu'on ne l'avait d'abord décidé. —
Il fallut changer la substance des
ordres. Enfin, les mesures furent
si bien concertées, que le prisonnier, à neuf heures du matin, le
jour fixé pour son exécution, était
déjà à vingt grandes lieues de Paris,
avant que le concierge du Temple eût
fait son rapport journalier à la police.

Il serait impossible de rendre la rage du Ministre en apprenant cette évasion. Soupçonnant Derville d'en être le complice, il eut assez de crédit pour le faire arrêter, et c'était-là ce qui avait causé le silence de celui-ci. Mais le complot avait été si adroitement tramé, qu'aucune preuve matérielle n'en subsistait. — Il en fut quitte pour quelques rouleaux de louis qu'il fallut éparpiller dans une demi-douzaine de poches, pour sortir un peu plutôt de prison; et madame Dufeuil, qui l'aimait plus que jamais, contribua beaucoup à l'en tirer, à la grande satisfaction de madame de Lymours, que tous ces événemens avaient désolée.

Emma, à qui l'on apprit, avec tous les ménagemens nécessaires, l'évasion de son amant, ne tarda point à se ressentir de l'influence d'une si

heureuse nouvelle. La fièvre la quitta, et elle put remercier sa tutrice
des soins généreux qu'elle lui avait
prodigués.

CHAPITRE XII.

Et nous aussi, nous voulons poli-
tiquer.

TANDIS que Valbrun, à Neufchâtel, sauvé par une espèce de pro-
dige, coulait ses jours, sinon au sein
de l'amour et des jouissances, du
moins dans un état de tranquillité
assez doux, empoisonné par la seule
absence d'Emma; Derville, à Paris,
au milieu de la crise la plus étonnante
peut-être, pensait sérieusement à
son ami. Attentif aux moindres circonstances, il était, pour ainsi dire,
à l'affut d'un événement favorable.

Derville jusqu'alors ne s'était

III.   I

guère occupé des affaires du gouvernement, fort heureux que celui-ci
ne vînt pas se mêler des siennes.—
Il avait eu, pour s'en dispenser, l'expérience des années précédentes.
L'exemple de tant de partis, tour-
à-tour vainqueurs ou culbutés, n'a-
vait pas stimulé son ambition.

Mais l'arrestation de son ami l'a-
vait fait réfléchir. — L'espèce de liai-
son que cet événement lui avait fait
contracter avec l'homme noir, avait
tourné ses idées à la politique. Le
vertueux frondeur, exactement au
courant, suivait les affaires de près ;
il en causait souvent avec Derville ;
et l'esprit facile de celui-ci, prompt
à saisir tous les genres, devenait
chaque jour moins étranger aux calculs diplomatiques.

Il avait remarqué sans peine, par

le seul secours de son jugement,
l'état de défaillance et de décrépi-
tude du gouvernement ; et par une
analogie bien simple, y avait vu clai-
rement la cause qui devait très-in-
cessamment produire son anéantis-
sement total. — Sans être un pro-
fond publiciste, il voyait de près le
jeu embarrassé des ressorts d'une
machine compliquée, dans laquelle
le nombre des agens surpassait la
quantité des fonctions. — En di-
visant le pouvoir pour en éviter la
concentration, on était tombé dans
l'excès opposé. Les rouages, mal
engrenés, mus souvent par des puis-
sances contraires, s'entravaient au
lieu de s'aider. Un corps législatif,
composé d'élémens hétérogènes,
tantôt trop faible et avili par l'autorité exécutive, tantôt trop fort, ra-
vissant à celle-ci tous moyens de
faire marcher les loix ; un corps ju-

2

diciaire dépendant et mal payé ; un
pouvoir exécutif ambitieux et débile
dans certaines conjonctures, inepte
et rampant dans d'autres, faisaient
de l'Etat une pépinière de révolu-
tions, et du gouvernement une lutte
indécente et continuelle, où les intérêts particuliers, heurtant de front
ceux de l'empire, opposaient à l'a-
mélioration des choses tout l'effort
des petites passions, et à la réunion
des individus toute la misère des petites haines. — L'harmonie des pou-
voirs une fois rompue, avec elle
s'anéantissaient toutes les digues qui
retenaient les partis, dont le débor-
dement amenait toujours un état d'a-
narchie, et celui-ci une secousse
qui fatiguait le corps politique sans
le guérir. Cette fièvre subsistait depuis quatre ans, et elle menaçait de
reprendre le caractère du délire ré-
volutionnaire ; les canaux de l'indus-

trie et de la prospérité étaient des-
séchés dans leur source ; les finan-
ces , au dernier période de délabre-
ment , n'offraient plus que des secours absolument disproportionnés à
la grandeur et à l'urgence des be-
soins. — Cependant le danger devenait pressant ; le brigandage s'orga-
nisait sur tous les points ; le territoire
allait être envahi ; la discorde souf-
flait au-dedans le feu de la guerre
civile , que des mesures désastreuses
et tyranniques fomentaient encore ;
nos armées , dénuées de tout par les
dilapidations énormes des chefs ,
étaient elles-mêmes sur le point d'é-
clater , quand un homme , dont le
mérite surpassait encore peut-être
la réputation , un homme extraordinaire , habitué à enchaîner à sa
fortune la victoire et les élémens ,
revint des rivages lointains de l'O-
rient. Il sentit qu'une révolution était

3

indispensable ; mais qu'il la fallait
entière et d'une espèce jusqu'alors
nouvelle. Il s'agissait, en rouvrant
à l'espérance le cœur de tous les
Français, de leur faire abjurer cette
insouciance si nuisible à leur gloire,
et de diriger vers le but assuré de
leur bonheur l'influence qu'un pareil
espoir allait exercer sur eux. — Il vit
qu'il fallait tout frapper à la fois ;
que plus l'entreprise était périlleuse,
plus elle nécessitait un génie étendu
et une force d'esprit supérieure. Le
grand homme sut s'apprécier ; il
osa, et le succès couronna sa har-
diesse.

Tout le monde connaît la mémo-
rable journée du 18 Brumaire. Jamais révolution plus complète, plus
bienfaisante, ne s'opéra en si peu
de temps, et avec de plus foibles
moyens. — Elle sembla donner aux

Français une nouvelle patrie ; et en rallumant ce feu sacré de l'honneur national qui , s'il existait encore , était bien près de s'éteindre , finit , après avoir ranimé l'espoir , par donner des consolations.

Le Ministre , persécuteur de Valbrun , n'avait plus rien à faire dans un ordre de choses équitables. On ne jugea point à propos d'utiliser ses talens de malfaisance ; il fut renvoyé.

Derville , débarrassé de ce dangereux antagoniste , ne songea plus qu'au moyen de rappeler Valbrun. La promotion de l'homme noir à une place très-importante lui en offrit la facilité. Il lui obtint une surveillance , et se hâta de lui dépêcher à Neufchâtel un courrier extraordinaire , chargé de lui remettre un passe-port , et une lettre circonstan-

4

ciée dans laquelle, après lui avoir
fait part des causes de son silence,
et des événemens heureux qui ve-
naient d'arriver, il l'engageait à pres-
ser son retour à Paris, et à venir
joindre ses sollicitations aux siennes,
du succès desquelles il ne doutait
presque plus.

Que l'on se mette à la place de
Valbrun, au moment où il vient de
faire sauter le cachet de la lettre de
son ami ! — Il s'était cru pour toujours banni de son pays, et il touche
le fortuné papier qui l'y rappelle ! —
Il ne devait plus revoir son Emma,
et bientôt il pourra mettre à ses pieds
l'hommage de son cœur et de sa fortune ! — Fanny, la sensible Fanny
partagea ses transports. — Elle se
jeta à son cou, et il sentit couler sur
ses joues les larmes de joie qu'elle
versait en abondance.

O mon pays! s'écria-t-il dans son enthousiasme, te voilà donc régénéré! je ne rougirai plus de me dire Français!....Cet homme si grand, ce héros digne de nos adorations, pourquoi faut-il qu'il ne le soit pas?.... Mais il mérite de l'être, et nous ne lui en devrons que plus de reconnaissance.

Il appela Dupré, lui dit de tout préparer pour son départ; et trois heures après la réception du courrier de Derville, il était prêt à monter en voiture. — Quelle séparation cruelle pour Fanny, que des intérêts indispensables empêchaient de suivre l'homme qu'elle adorait. Un torrent de pleurs s'ouvrit un passage à travers ses longues paupières. — Valbrun allait à Paris; il se rapprochait d'Emma, d'une rivale d'autant plus redoutable, qu'elle était plus digne

d'être aimée; il allait peut-être l'é-
pouser..... Cette dernière idée l'ac-
cablait, elle eut besoin de toute son
énergie pour n'y pas succomber.

Son amant, qui lisait au fond de
son cœur, et la voyait souffrir, de
plus en plus étonné du mystère dont
elle s'enveloppait, et qu'il n'était
point encore parvenu à percer, ne
put s'arracher si précipitamment de
ses bras. Il donna encore une nuit,
dirons-nous, au plaisir, à l'amour,
à la reconnaissance? peut-être à tous
trois ensemble.—Ce retard était-il
une faiblesse? — Je ne le crois pas:
il devait cette dernière attention à
la généreuse Fanny, qui, n'en abu-
sant point, le pressa elle-même de
partir au point du jour. — Ils se quit-
tèrent enfin, ou, pour mieux dire,
s'arrachèrent des bras l'un de l'autre
en pleurant.

Le souvenir d'Emma, qu'il allait revoir, fortifia le courage de son amant. — Il partit, et fit une telle diligence, qu'il arriva à l'hôtel de Derville douze heures plutôt qu'il ne l'attendait. Son ami le revit avec une joie qui ne pouvait se comparer qu'à la peine qu'il avait ressentie en le perdant.

Les questions de Valbrun ne tarissaient pas. Il frémit de peine et de plaisir à la fois, en apprenant le danger où son malheur avait jeté Emma. Il demandait à chaque instant de nouveaux détails ; mais son ami, plus raisonnable, ou plutôt moins amoureux, ne voulut plus rien lui apprendre avant le lendemain.... — Il lui dit seulement qu'Emma se portait bien alors, l'amait plus que jamais, et que toutes ses connaissances, sans oublier la comtesse, s'in-

téressaient à son retour ; il fut muet
sur le reste , et Valbrun , contraint
à se coucher , répara par un sommeil
paisible les fatigues des journées et
même des nuits précédentes.

CHAPITRE XIII.

Conclusion, qui ne conclut rien.

Nous aurions volontiers fait rentrer monsieur de Valbrun dans le monde; mais il faut savoir auparavant s'il y sera bien accueilli. — Nous avions grande envie de le marier, et il en avait encore plus de desir que nous; mais voulant offrir à son Emma un sort indépendant et heureux, il a résolu d'attendre sa radiation définitive.

Monsieur Derville, son ami, n'épargne rien pour en avancer l'instant, et partage toujours son temps entre madame Dufeuil et certaine jolie veuve à laquelle il s'attache chaque jour davantage. — Le jeune Sellin lui donne quelque ombrage ; mais il a sans cesse sous la main mille moyens pour l'éloigner, au moins momentanément ; et, dans les grandes occasions, il compte avoir recours à la comtesse, qui, persuadée qu'une femme honnête n'a pas tous les jours le bonheur de rencontrer pour *attentif* un enfant *sans conséquence*, ainsi qu'elle l'appelle toujours, trouve que son étourdi vaut la peine d'être conservé.

Madame Fanny de Bersteim est restée à Neufchâtel, et y restera long-temps, si monsieur le Public ne veut bien accueillir ces Mémoires de manière à nous encourager à en publier la suite. — Elle y restera, disons-nous ; et ce serait dommage ;

car on ne saurait pas des choses.... Mais chut !

Madame Dufeuil, enfin, dont le mari était toujours en Italie, paraissait à cette époque fort enchantée d'avoir appris que monsieur Félix était devenu l'*ex-vicomte* de Valbrun. — Voulait-elle aller sur les brisées de sa pupille, ou bien essayer encore d'inspirer quelques inquiétudes à Derville ?

Assez bavards de notre naturel, nous ne demandons pas mieux que de résoudre tous ces doutes importans ; ce que nous ferons incessamment, avec l'aide de Dieu et de notre Imprimeur.

F I N.

www.ingramcontent.com/pod-product-compliance
Lightning Source LLC
Chambersburg PA
CBHW071950090426
42740CB00011B/1880